¡150 historias que cambiarán tu vida!

# ¡150 historias que cambiarán tu vida!

## Historias para meditar

Recopiladas por Padre Pedro Núñez

EWTN Publishing, Inc.
Irondale, Alabama

Editores: Doctor Alicia Aldaya; Señor Jose Cocio (*quien creemos vive en la gloria de Dios*); Padre Isaias Gálves; Padre Pedro Núñez.

Manuscrito: Sra. Sofia Iriarte.

Los pasajes de las Escrituras han sido tomados de La Biblia Latinoamericana (2004).



EWTN Publishing, Inc.
5817 Old Leeds Road, Irondale, AL 35210

Distribuido por Sophia Institute Press,
Box 5284, Manchester, NH 03108.

Edición de bolsillo ISBN 978-1-68278-389-4
Libro electrónico ISBN 978-1-68278-390-0

Library of Congress Control Number: 2024946177

Primera impresión

# Contenido

# Presentación

Querido lector:

Este libro pretende ser un medio de cooperación orientado especialmente a homilistas, predicadores, catequistas, educadores, etc. con el fin de acrecentar el espíritu de lectura, de meditación y reflexión de la vida, a la luz de la palabra de Dios.

Reconocemos que el trabajar en la formación de conciencias y en la proclamación de la Palabra de Dios, constituye un auténtico reto, así como una delicada y maravillosa misión que el Señor nos encomienda, ya que estamos conscientes de la necesidad que todos tenemos de acercarnos más al Señor.

Para llegar al fiel cumplimiento de tal misión, necesitamos de una profunda relación con el Señor, así como de una buena voluntad, preparación y esfuerzo personal para lograr la claridad y eficacia de nuestra Prédica.

Como respuesta a esto, ponemos en tus manos querido lector, "150 historias que cambiarán tu vida – Historias para meditar".

Este interesantísimo y maravilloso libro, realizado con mucho cariño y dedicación pretende ayudarte a reflexionar sobre tu vida en relación con el que te busca y te ama con amor eterno.

Para alcanzar este fin hemos organizado las páginas de este libro de la siguiente manera: Una historia, un breve comentario y una cita bíblica que te ayudará a entender mejor el tema.

Padre Isaías Gálvez
Fraternidad Misionera de María, Guatemala

¡150 historias que cambiarán tu vida!

Capítulo 1

# Salvación

## El hombre que cortó la Cruz

Un hombre soñó un día que caminaba con Jesús. Cada persona que caminaba con Jesús llevaba una cruz. La cruz de aquel hombre pesaba mucho y echándose a un lado dejó que todos pasaran delante de él cargando sus cruces mientras él trataba de descansar un poco. Entonces se dijo, asimismo: "Mi cruz es demasiado pesada le cortaré un pedazo para hacerla más liviana y de esa forma poder seguir mejor a Jesús". Así lo hizo y después que le cortó un pedazo sintió que su cruz era más liviana y comenzó de nuevo a caminar con Jesús.

Pero pasó el tiempo y su cruz cortada le siguió pesando por lo tanto se dijo: Me echaré a un lado de nuevo y le cortaré otro pedazo a la cruz. Cuando nadie lo veía cortó otro pedazo y sintió que su cruz se hacía más liviana. Todavía entonces se apresuró para seguir de nuevo a Jesús.

Una y otra vez en su jornada sintió que su cruz era pesada y una y otra vez le cortaba un pedazo a su cruz. De pronto Jesús habló y dijo: "Alto: Estamos frente al paraíso, entre el paraíso y nosotros se interpone un abismo, por lo tanto, cada uno de ustedes extienda su cruz de aquí al paraíso para que cada cual pueda cruzar a través de ella".

Nuestro amigo nunca alcanzó el paraíso porque en su jornada con Jesús decidió evadir el peso de su cruz.

## Comentario

La cruz es la expresión máxima del amor de Dios para nosotros sus hijos. Jesús crucificado en un madero, nos enseña que el compromiso del amor tiene que llegar hasta las últimas consecuencias.

## Cita bíblica

> Jesús dijo: "No es digno de mí el que no toma su cruz para seguirme. El que procura salvar su vida la perderá y el que sacrifique su vida por mí, la hallará" (Mateo 10:38-39).

# ¿Por qué no eres feliz?

Cierto maestro afirmaba que una de las principales causas de infelicidad que hay en el mundo, es el secreto placer que encuentran algunas personas en sentirse miserables y refirió el caso de un amigo suyo que le dijo a su mujer: ¿Por qué no sales y te diviertes querida?

Ella respondió irritada: "Sabes perfectamente querido, que nunca disfruto divirtiéndome".

## Comentario

Un renombrado autor nos decía que: "El milagro más grande del mundo soy yo y eres tu". ¿Entonces por qué sentirte basura y miserable?, deja ya de quejarte y empieza a ser feliz como Dios quiere.

## Cita bíblica

> "¿Por qué te deprimes alma mía? ¿Por qué te angustias? Espera en su fidelidad y volverás a alabarlo" (Salmo 42).
>
> "Este es el día que hizo el Señor. Gocémonos y alegrémonos en El" (Salmo 118:24).

## Cristo mi Roca

Después de un naufragio en una terrible tempestad, un marino pudo llegar a una pequeña roca y escalarla, y allí permaneció muchas horas. Cuando al fin pudo ser rescatado, un amigo suyo le preguntó:

-¿No temblabas de espanto por estar tantas horas en tan precaria situación, amigo mío?

-Sí, contestó el náufrago, la verdad es que temblaba mucho; pero... ¡la roca no...! Y esto fue lo que me salvó-.

### Comentario

Sí, lo único que es capaz de salvarnos de las situaciones más difíciles de nuestra vida es nuestra confianza absoluta y total abandono en las manos de Jesús; ese que es la roca firme sobre la cual queremos afianzar nuestras vidas.

### Cita bíblica

Jesús dijo: "No basta con decir: ¡Señor! ¡Señor! Para entrar al Reino de los cielos sino en hacer la voluntad de mi Padre del Cielo.

El que escucha mis palabras y las pone en práctica, dirán de él: Aquí tienen el hombre sabio y prudente que edificó su casa sobre la roca, cayó la lluvia, se desbordaron los ríos, soplaron los vientos y se arrojaron sobre aquella casa; no se derrumbó, porque tenía los cimientos sobre la roca" (Mateo 7:21-25).

## Reconstrucción del hombre

Un día preguntaron a Miguel Ángel cómo lograba hacer esas obras de arte, de una piedra inerte. El gran escultor exclamó: "Yo no hago nada. A mí ya me las traen hechas. Yo simplemente quito los pedacitos que le sobran a esos mármoles y salen a relucir las figuras que allí se habían escondido".

### Comentario

Dios, el soberano artista, sabe quitar lo que sobra en nosotros para resaltar a Jesús en nosotros, en cuya imagen hemos sido creados.

### Cita bíblica

> "Oh Señor, dueño nuestro: ¡Qué admirable es tu nombre por toda la tierra! Cuando contemplo el cielo, obra de tus manos la luna y las estrellas que has creado, me pregunto: ¿Qué es el hombre para que te acuerdes de él? ¿Qué los hijos de Adán para que pienses en ellos?
>
> Lo hiciste poco inferior a los ángeles, lo coronaste de gloria y dignidad, le entregaste las obras de tus manos, tu lo has puesto todo bajo sus pies, ovejas y bueyes por doquier y también los animales silvestres, las aves del cielo y los peces del mar que andan por las sendas de los mares" (Salmo 8).

## Creer es amar

Un domingo un sacerdote comenzó su homilía sosteniendo un gran triángulo y enseñándolo a la gente. Entonces dijo: "Mi homilía esta mañana es como este triángulo. Tiene tres puntos... El primero es éste: Debido a que nosotros fallamos en aceptarnos, amarnos y perdonarnos unos a otros como Jesús nos enseñó, es que hay gente muriéndose de hambre, hiriéndose unos a otros y matándose unos a otros en este mundo.

El segundo punto es que a la gran mayoría de las personas esto les importa un comino.

Y el tercer punto es que algunos de ustedes que me escuchan hoy estarán más preocupados de que yo haya usado la expresión "un comino", que haya gente que esté sufriendo y muriendo.

Pero recuerden, hermanos, concluyó el sacerdote, Jesús bien nos dice que en el juicio final las preguntas que Él nos hará serán escandalosamente materialistas. Nos preguntará si· dimos agua al sediento, pan al hambriento, ropa al desnudo... ya que lo que hayamos hecho por el más necesitado, lo hicimos por Él.

### Comentario

Al respecto San Agustín dijo: "En el ocaso de nuestras vidas, seremos juzgados en el amor" ¡Qué tremenda y sabia verdad!

## Cita bíblica

"Cuando el Hijo del Hombre venga en su Gloria rodeado de todos sus ángeles, se sentará en su trono como Rey Glorioso. Delante de Él se reunirán todas las naciones, y como el pastor separará las ovejas de los machos cabríos, así también lo hará El. Separará unos de otros, poniendo las ovejas a su derecha y los machos cabríos a su izquierda. Entonces el rey dirá a los que están a la derecha: ¡Bendecidos por mi Padre!, vengan a tomar posesión del Reino que está preparado para ustedes desde el principio del mundo. Porque tuve hambre y ustedes me alimentaron; tuve sed y ustedes me dieron de beber. Pasé como forastero y ustedes me recibieron en su casa. Anduve sin ropas y me vistieron. Estuve enfermo y fueron a visitarme. Estuve en la cárcel y me fueron a ver. El Rey responderá: En verdad les digo que cuando lo hicieron con alguno de éstos mis hermanos más pequeños lo hicieron conmigo" (Mateo 25:31-36 y 40).

## Sin tu cooperación Dios no puede salvarte

Cuenta la historia que un hombre de mucha fe se encontraba en su casa cuando de pronto comenzó a llover torrencialmente a tal punto que toda el área comenzó a inundarse. Debido a que el agua ya había subido al piso de la casa, el hombre decidió subirse al techo y ponerse a orar para que Dios le salvara.

Pocos minutos después llegó un hombre en una lancha quien le dijo: Amigo venga conmigo, el hombre de fe desde el techo le contestó: No gracias yo sé que Dios me salvará. Siguió lloviendo y el agua siguió creciendo, vino un guardacosta y desde el barco le gritaron: Amigo se va a ahogar si sigue ahí, venga con nosotros para que se salve. El hombre de fe respondió: No se preocupen, yo sé que Dios me va a salvar.

Finalmente, ya cuando el agua le estaba llegando al cuello, pasó un helicóptero y desde lo alto le gritaron: Amigo, venga con nosotros para que le salvemos; y el hombre de fe respondió: Yo sé que Dios me salvará no se preocupen.

Siguió lloviendo y el hombre se ahogó. Llegó al cielo bien enojado y al encontrarse con Jesús le dijo: Señor, ¿Cómo es posible que yo puse mi fe en Ti y me dejaste ahogar?

Jesús le respondió: Hijo, te mandé una lancha, un guardacosta y un helicóptero para salvarte, ¿Qué más quieres?

## Comentario

Cuando no reconocemos la presencia de Dios en los acontecimientos y situaciones de nuestra vida estamos siendo como esos ciegos de los cuales habla Jesús, que tienen ojos, pero no pueden ver.

## Cita bíblica

> "No sean insensatos, sino comprendan cuál es la voluntad del Señor" (Efesios 5:17).

## Jesús El Restaurador de la Humanidad

Hace ya mucho tiempo los reyes de Inglaterra recibieron un hermosísimo regalo, un florero de porcelana muy raro de Portland, era el florero más hermoso que nadie jamás había visto.

Un día una señora del palacio limpiando el famoso florero lo dejó caer al suelo y este se rompió.

Los reyes trataron de buscar a alguien que pudiera arreglarlo, pero nadie podía componerlo, eran demasiado los pedazos y nadie sabía cómo hacerlo.

Finalmente, los reyes encontraron muchos años después a un descendiente del artesano que había hecho el precioso florero y aquel descendiente tomó en sus manos todos los pedazos del florero roto y poquito a poco con mucha paciencia y amor lo pudo restaurar a su perfección.

### Comentario

Así nos sucede muchas veces con el pecado; hemos sido rotos a consecuencia del pecado. El único que nos puede restaurar es ese descendiente de Aquel que nos creó y su nombre es Jesucristo. El pecado nos ha roto, sólo Jesús nos puede salvar.

### Cita bíblica

"Al día siguiente (Juan el Bautista) vio que Jesús se acercaba, y dijo: He aquí el Cordero de Dios que quita el pecado del mundo" (Juan 1:29).

## No estar listo para la muerte

Un día el sacerdote en plena misa estaba predicando. Un borrachito sentado en el primer banco dormía plácidamente.

El sacerdote lleno de poder grita: Los que quieran ir al cielo, pónganse de pie. Todo el mundo se puso de pie -menos el borrachito-.

Entonces el sacerdote despierta al borrachito y le dice: Oiga todos estos hermanos están de pie porque quieren ir al cielo ¿y usted qué? El borrachito abrió los ojos y mirando a toda la congregación parada se asusta y dice al sacerdote: En el próximo viaje porque este va muy lleno.

### Comentario

El cielo no es el lugar que está allá arriba, sino que es encuentro, unión y rendimiento total a Dios quien colmará plenamente nuestras ansias de felicidad y de amor. Dios quiere que seamos felices para siempre junto a El. ¿Estás listo para ir al cielo?

### Cita bíblica

"En la casa de mi Padre hay muchas mansiones y yo voy allá a prepararte un lugar... para, que donde yo estoy, estén también ustedes" (Juan 1:2-3).

## Mira hacia arriba

Cuenta la historia que una señora adinerada llamada doña Tula Cuello-Largo, llegó al cielo. San Pedro le pidió que lo acompañara a donde sería su residencia para siempre.

Pasó por una hermosa mansión. Era la de su jardinero. Ella pensó para sus adentros; "la mía será mejor, pues soy más importante que El". Cuando llegaron al lugar, donde pasaría la eternidad, doña Tula vio su casa y por poco se desmaya. ¡Era una choza! ¿Cómo se atreve a darme esto? Señora, respondió San Pedro, esto es todo lo que hemos podido hacer con los materiales que, durante su vida, nos envió al cielo.

### Comentario

La Biblia dice que cada cual cosecha lo que siembra. Tristemente el materialismo y la sociedad moderna invitan al hombre a orientar todos sus esfuerzos y afanes hacia la búsqueda de cosas, a adquirir éxitos y conquistas humanas, ante esto viene la pregunta impactante de Jesús:

### Cita bíblica

> ¿"De qué le sirve al hombre ganar el mundo entero si al final, pierde su vida" (Mateo 16:26)?

## Cristo la única esperanza

Hace muchos años naufragó un submarino cerca de la costa de Princetown, Massachusetts, en los Estados Unidos. Con premura unos buzos descendieron y dieron vueltas alrededor de la nave, tratando de averiguar si quedaba vivo alguno de sus tripulantes.

De pronto uno de ellos sintió un ruido suave, como si alguien golpeara con un metal en la pared del submarino. Escuchando atentamente, se dio cuenta de que alguien adentro trataba de comunicarse con él usando el alfabeto de los telegrafistas. El buzo pudo descifrar el mensaje: "¿Hay esperanza para nosotros?"

### Comentario

¿Hay esperanza? Esta es la pregunta que constantemente hace la humanidad perdida. Y sí, la hay. Cristo es la única esperanza para una humanidad que ha naufragado en el océano del pecado.

Toda la Escritura habla del amor de Dios y de su fidelidad. El cristiano que cree y confía sabe que no está sólo. Mantiene su esperanza en Dios aún en los días grises cuando los hombres piensan de otro modo y hablan contra Dios. Vivir en la esperanza, significa, confiar que el mundo es amado por Dios y que Dios vive con nosotros como Cristo lo prometió ·"Yo estaré con ustedes todos los días hasta el fin del mundo".

¡150 historias que cambiarán tu vida!

## Cita bíblica

"No se inquieten por nada [...] Entonces la paz de Dios que es mucho mayor de lo que se pueden imaginar, les guardará su corazón y sus pensamientos en Cristo Jesús" (Filipenses 4:6-7).

## Responder desde el corazón

Sucedió en Europa. Un pintor, tal vez lo que el mundo moderno considera una de las pinturas más populares y hermosas de los últimos tiempos: La pintura de Jesús tocando a una puerta de madera.

Nos relata la historia que cuando la pintura fue terminada, fue llevada a uno de los grandes museos de Europa en aquel entonces, para ser presentada en una ceremonia especial.

Cuando el día llegó en que se descubría la pintura por primera vez, el salón donde se encontraba la pintura con un velo por encima, estaba lleno de gente. Cuando el velo fue removido, todos quedaron extasiados, admirando aquella obra maestra.

De pronto un hombre se levantó y dijo, refiriéndose al artista: "Señor pintor, su obra es verdaderamente magnífica. Pero algo importante se le ha olvidado incluir en la puerta. Fíjese bien: Se le olvidó incluir la manigueta... la perilla en la puerta, para que Jesús pueda entrar".

El pintor con una sonrisa en sus labios respondió al crítico diciendo: "La razón por la cual esa puerta a la que Jesús está tocando no tiene manigueta o perilla, es porque esa puerta representa el corazón del ser humano que sólo se puede abrir desde adentro".

### Comentario

Jesús quiere ser parte importante de nuestra vida. Pero sólo nosotros tenemos el poder para dejarlo entrar.

¡150 historias que cambiarán tu vida!

### Cita bíblica

"Mira que estoy a la puerta y llamo; si alguien escucha mi voz y me abre, entraré a su casa a comer, yo con él y él conmigo" (Apocalipsis 3:20).

# Vivir para la plenitud

Dicen que una vez un muchacho que no sabía nadar cayó al agua y se estaba ahogando. Un hombre se tiró y después de mucho luchar lo rescató de su muerte segura.

Gracias por haberme salvado la vida; le dijo el muchacho al hombre.

El hombre miró al muchacho profundamente a los ojos y le dijo: Está bien, hijo. Sólo te pido que te asegures que tu vida ha valido la pena salvarla.

## Comentario

Jesús nos salvó del infierno dando su vida por nosotros en una cruz. De esa manera nos abrió las puertas del cielo.

Sin embargo, el aceptar la salvación que Jesús no da depende de nosotros.

## Cita bíblica

"Te puse delante la vida o la muerte, la bendición o la maldición. Escoge pues, la vida para que vivas y tú y tu descendencia" (Dt. 30:19).

## Buscar en el lugar equivocado

Un joven buscaba ansioso una moneda de oro bajo una lámpara gigantesca.

¿Puedo ayudarte? Le dijo el amigo.

Y ambos buscaron afanosamente la moneda y nada, ante lo que el amigo preguntó ¿y dónde la perdiste? En la otra habitación, contestó.

Entonces ¿por qué la buscas aquí? Porque aquí está la luz, respondió.

### Comentario

No basta venir a Jesús. Hay que llamar a Jesús a cada área de nuestra vida, especialmente a esas que están en la oscuridad del pecado. Si así lo hacemos, todo nuestro ser resplandecerá con su radiante luz.

¡Eso, hermanos es la santidad!.

### Cita bíblica

Jesús dijo: "Yo soy la luz del mundo. El que me sigue no caminará en tinieblas, sino que tendrá luz y vida" (Juan 8:12).

## Por creerse gallina nunca alcanzó su destino

Un indio norteamericano cuenta la historia acerca de un bravo que encontró un huevo de águila y lo puso en el nido de una gallina de pradera. El aguilucho nació junto con el resto de las gallinas y creció con ellas.

Toda su vida, el águila, pensando que era una gallina, hizo lo que los polluelos de pradera hacían. Rascaba en el suelo buscando semillas e insectos para comer. Cacareaba y volaba en un breve abrir y cerrar de alas no más que unos pocos pies en el aire. Después de todo, así es como las gallinas de pradera están supuestas a volar.

Los años pasaron, y el águila llegó a ser adulta. Un día vio a un tremendo pájaro volar bien alto en el cielo sin nubes. Flotando con majestuosidad graciosa en la poderosa corriente de vientos de sus alas, volaba con escasamente un pequeño movimiento de sus fuertes alas doradas.

"Qué pájaro más lindo" Exclamó el águila a su vecino. ¿Qué es? "Eso es un águila - el rey de las aves-", contestó el vecino. "Pero no le pongas atención. Nunca puedes ser como él".

Así, el águila no lo volvió a pensar. Y murió creyendo que era una gallina de pradera.

### Comentario

Dios nos ha creado no sólo para que seamos buenos, sino para que seamos santos.

Dios no quiere que vivamos nuestro cristianismo a medias, sino que lleguemos a ser como el mismo Jesús, a cuya imagen hemos sido creados.

## Cita bíblica

"Entonces, hermanos, si debemos a alguien, no es precisamente a la carne, para que no tengamos que vivir según ella. Ustedes no recibieron un espíritu de esclavos para volver al temor, sino que recibieron el Espíritu que los hace hijos adoptivos y que los mueve a exclamar: ¡Abba, Padre! El mismo espíritu le asegura a nuestro espíritu que somos hijos de Dios. Y si somos hijos de Dios, somos también herederos. Nuestra será la herencia de Dios" (Romanos 8:12, 15-17).

## La verdadera edad

Un anciano indígena de 82 años de edad recibió el bautismo hace doce años.

Ahora, acaba de enfermarse.

Un misionero recién llegado lo visita, y entre otras cosas, le pregunta: ¿Cuántos años tienes hermano? "Padre, tengo doce años".

¿Cómo que doce años? No te lo puedo creer. "Es muy cierto, Padre: tengo solamente doce años viviendo mi verdadera vida con Dios; los años anteriores a mi bautismo no cuentan para nada".

### Comentario

En virtud del sacramento del bautismo, nacemos a la vida divina que es la vida nueva, que Jesús promete a todos los que se rindan a El.

Por los sacramentos participamos de la vida divina y Dios cohabita en nosotros para hacernos uno con El.

### Cita bíblica

"La Vida Eterna es conocerte a ti, único Dios verdadero, y conocer a Jesús a quien tú has enviado" (Juan 17:3).

Capítulo 2

# Amor al prójimo

## Tú puedes tener un gran corazón

Cuando yo me gradué en la Universidad, recuerdo bien a un renombrado profesor de Filosofía, alto, de pelo cano y de hablar pausado, quien al entregarnos nuestros diplomas nos dijo:

"Jóvenes, no es posible que todos tengan una gran inteligencia, pero sí es posible que todos tengan un gran corazón".

Eso es lo único que recuerdo de todas esas elaboradas ceremonias de fin de curso por eso muchas veces, cuando he caído derrotado, sin esperanzas, me ha asaltado ese recuerdo: Un gran corazón, tratando de alcanzar grandes cosas que son difíciles, difíciles precisamente por su grandeza, como dice otro autor. "Busca los beneficios y no los honores".

### Comentario

Haces bien en cultivar un gran corazón, a pesar de tus otras deficiencias.

### Cita bíblica

"Les daré un corazón nuevo, y pondré dentro de ustedes un espíritu nuevo. Les quitaré del cuerpo el corazón de piedra y les pondré un corazón de carne" (Ezequiel 36:26).

## Nosotros cuatro, nadie más

La siguiente oración de un avaro, no sólo expresa su egoísmo, sino también nos demuestra por qué el mundo en estos días está al revés: "Señor, bendíceme a mí y a mi esposa, a mi hijo José y a su esposa, a nosotros cuatro, a nadie más".

### Comentario

El mundo en que vivimos es pequeño, pero contra las ideas de este caballero hay otras muchas personas además de ellos cuatro.

Es muy posible que la actual situación desagradable del mundo, en el cual hay cientos de millones de esclavos y el resto de la humanidad vive en continuo temor, sea el resultado de lo que la gente buena no está haciendo, más que la destrucción de los enemigos de la humanidad.

Mientras la gente buena se está haciendo cargo de sí misma, los malhechores se están haciendo cargo de los demás.

Es muy fácil culpar a los malvados por la tragedia y confusión del mundo. Todos debemos desechar la fórmula: "Dios y yo" y adoptar la de "Dios y todos nosotros".

### Cita bíblica

"Pero no será así entre ustedes. Al contrario, el que quiera ser el más importante entre ustedes, que se haga el servidor de todos; y el que quiera ser el primero, que se haga siervo de todos. Así como el Hijo del Hombre no vino para que lo sirvieran, sino para servir y dar su vida como rescate de una muchedumbre" (Marcos10:43-45).

## Y recuerda

Que lo que hagamos o dejemos de hacer por los más pequeños, lo haremos o lo dejaremos de hacer por el mismo Jesús (Mateo 25:40).

## El Mesías está entre ustedes

Cuentan que un día un monasterio, que una vez fue muy famoso estaba en decadencia, cada día había menos monjes. Los monjes tal parecían no se llevaban bien entre sí.

Un día el Abad del monasterio fue a consultar a un sabio rabino que le diera algunos consejos para que su monasterio volviera a florecer como en la antigüedad. El rabino dijo que no tenía ninguna palabra en concreto de Dios pero que solamente le podía decir una cosa y esto lo sentía en su corazón de que el Mesías estaba en el Monasterio, el Mesías estaba entre ellos.

El Abad regresó al monasterio y relató lo que el rabino les había dicho a todos los monjes de su comunidad. Ellos comenzaron a preocuparse y a preguntarse unos a otros en silencio quién será el Mesías, ¿será el hermano Rafael, será el hermano Juan, será el hermano Agustín?, el caso es que los monjes como no sabían realmente cuál de ellos era el Mesías comenzaron a amarse los unos a los otros, comenzaron a preocuparse los unos por los otros, a servirse los unos a los otros, pensando que tal vez al que le estaba sirviendo o al que estaban amando o por quien se estaban preocupando era realmente el Mesías.

Nos dice la historia que poco a poco la gente comenzó a darse cuenta de que en aquel monasterio había armonía y había paz y los monjes se amaban y se llevaban bien y se preocupaban los unos por los otros y se servían los unos a los otros. Las familias comenzaron a ir al monasterio a visitarlo y muchos jóvenes desearon entonces integrarse en la comunidad y ser parte de aquella hermosísima comunidad que como nunca antes estaba de nuevo floreciendo.

El monasterio llegó a convertirse en uno de los más famosos de la historia de la Iglesia y pasó simplemente porque los monjes se preocupaban unos por otros se servían unos a otros se amaban unos a otros pensando que cada uno de ellos podía realmente ser el Mesías.

## Comentario

La historia de este monasterio me hace pensar en aquellas sabias palabras de San Juan de la Cruz. "Pon amor donde no hay amor y encontrarás amor".

## Cita bíblica

> "Si dan algún valor a las advertencias que hago en nombre de Cristo, si pueden oír la voz del amor y quieren hacer caso de la comunión que existe entre nosotros por el Espíritu Santo, si hay en ustedes alguna compasión y ternura, "les pido algo que me llenará de alegría. Tengan un mismo amor, un mismo espíritu, un único sentir y no hagan nada por rivalidad o por orgullo. Al contrario, que cada uno, humildemente, estime a los otros como superiores a sí mismo. No busque nadie sus propios intereses, sino más bien el beneficio de los demás" (Filipenses 2:1-4).

## El amor todo lo da

Cuentan que un día la mamá de Pablito le pidió que limpiara sus zapatos, Pablito tomó los zapatos de su mamá y los comenzó a limpiar. Cuando metió la mano en ellos se dio cuenta que su mami había puesto un bultico dentro de éste: ¡Era una moneda de 25 centavos! A la mañana siguiente, cuando estaban desayunando, al levantar la taza del café, la mamá notó un bultico. Eran los 25 centavos, junto con una nota de Pablito que decía: Lo hice por amor.

### Comentario

"La medida del amor es amar sin medida" dice una linda opinión sobre el amor. Eso precisamente fue lo que hizo Dios enviándonos a su Único Hijo para que tuviéramos vida y vida en abundancia. Muriendo en la cruz el maestro Jesús nos demostró su gran amor y nos enseñó el camino del amor, mandándonos, por lo tanto, a amarnos mutuamente para que en verdad vivamos como El.

### Cita bíblica

> Jesús dijo: "Un mandamiento nuevo les doy: Que se amen los unos a los otros, como yo los he amado. Así reconocerán todos que son mis discípulos. Si se aman unos a otros" (Juan 13:34-35).

## Un amigo fiel

Un hombre llamado Pancho vivía lejos de Dios.

Un día se dio cuenta de que el único que podía llenar el vacío que sentía dentro de sí era Jesús. Por eso, con mucha humildad, regresó a los caminos del Señor.

Dicen que se le veía todos los días por la mañana en la iglesia, sentada en el último banco, mirando hacia el altar. Pero que nunca se le veía mover los labios para orar. El sacerdote que lo veía en la Iglesia, a la misma hora y en el mismo banco, un día le pregunta:

-Pancho, ¿qué es lo que le dices a Dios todos los días?

-Le digo, buenos días, Jesús, aquí está tu amigo Pancho. Vengo a estar contigo. Y, ¿eso es todo lo que le dices? Preguntó el sacerdote. "Eso es todo", respondió Pancho. El tiempo pasó, y un día Pancho fue arrollado por un automóvil. Fue llevado al hospital. Cuando llegó el sacerdote, Pancho había muerto. El sacerdote preguntó si Pancho había dicho algo antes de morir. Los médicos le dijeron: Sí, y lo que nos dijo nos sorprendió mucho.

Pancho, pese el dolor, murió con una sonrisa en los labios y nos dijo poco tiempo antes de morir que Jesús se había sentado al lado de su cama y que le dijo:" Buenos días, Pancho, aquí está tu amigo Jesús, vengo para estar contigo".

## Comentario

El que tiene un amigo, ha encontrado un tesoro, dice la Biblia. Que gocemos la relación bendita de muchos amigos y que el mejor de todos sea Jesús.

## Cita bíblica

> "El amigo fiel es refugio seguro, y el que lo encuentra halla un tesoro. El amigo fiel no tiene precio. El amigo fiel es remedio saludable, y los que temen al Señor lo encontrarán" (Sirácides 6:14-15).

## Gentil pero decidido

Una vez, un hombre de buenos modales fue despertado a medianoche por unos ruidos extraños que oyó dentro de su casa. Cuando investigó, se encontró con un ladrón, que llenaba en el comedor un saco, con utensilios de plata.

Mi amigo, yo no te haría ningún daño por nada del mundo, pero si persistes estoy dispuesto a disparar. El ladrón huyó a toda prisa.

### Comentario

Generalmente es posible ser gentil y decidido a la vez; hablar con palabras suaves aún cuando defendamos firmemente lo que es correcto. No estemos de acuerdo con el error, pero no seamos ofensivos. Todos los descubridores de la verdad tienen la obligación de ser amables y corteses aún con sus enemigos. ¿No hubiera hecho lo mismo Jesús?

### Cita bíblica

Jesús dijo: "Sean perfectos como es perfecto el Padre de ustedes que está en el Cielo" (Mateo 5: 48).

## La evolución

¿Leyó usted la historia de los tres monos que discutían la teoría de la evolución?

Sentado en un árbol, uno dijo a los otros dos: Escúchenme ustedes. Oí un rumor que por cierto ha de ser falso -que el hombre descendía de nuestra noble raza-. ¡Ay! Si la pura idea es una lamentable desgracia.

Entonces enumerando las cosas que los monos no hacen, continuó diciendo: Nunca verán a un mono ponerse cerca a un cocotal y luego dejar que todos los cocos se pudran sin permitir que nadie los aproveche. Hay otra cosa que un mono no haría; estarse afuera toda la noche, pelearse o usar un revólver o un cuchillo para quitarle la vida a otro mono. Sí, el hombre descendió -el muy perverso-. Pero, hermanos míos, no descendió de nosotros.

### Comentario

La revelación divina nos enseña que el hombre al examinar su corazón se descubre inclinado al mal e inmerso en muchos males que no pueden proceder de su Creador, que es bueno. Negándose con frecuencia a reconocer a Dios como principio, rompió además el orden debido con respecto a su fin último, y al mismo tiempo, toda su ordenación con relación consigo mismo, con todos los hombres y con todas las cosas creadas. (Catecismo de la Iglesia Católica #401). Nos dice la Biblia que Dios creó al hombre a su imagen y semejanza, ¡qué tremendo designio de Dios!

Tristemente el hombre con el pecado desvirtúa esta imagen criatura y no pocas veces se deja guiar por sus instintos y crea enfrentamientos y luchas, tanto así, que ni al mono le parece la idea de la teoría que el hombre descienda de él porque los animales no se autodestruyen como los hombres.

## Cita bíblica

> Dijo Dios: "Hagamos al hombre a nuestra imagen y semejanza. Que mande a los peces del mar y a las aves del cielo, a las bestias, a las fieras salvajes y a los reptiles que se arrastran por el suelo. Y creó Dios al hombre a su imagen. A imagen de Dios lo creó. Macho y hembra los creó" (Génesis 1:26-27).

## Ama al otro como a ti mismo

En un determinado momento, el anciano se quedó mirando afectuosamente a su mujer y le dijo: "Querida, estoy orgulloso de ti". "¿Qué has dicho?", preguntó la anciana. "Ya sabes que soy un poco dura de oído. Habla más alto".

"Estoy orgulloso de ti". "Me parece muy lógico" dijo ella con un gesto despectivo. "También yo estoy harta de ti".

### Comentario

El escuchar bien consiste en escuchar no tanto a los demás sino a uno mismo. La visión perfecta consiste en mirar no tanto a los demás sino a uno mismo.

### Cita bíblica

"Les ruego, pues, hermanos, por la misericordia de Dios, que se entreguen ustedes mismos como sacrificio vivo y santo que agrada a Dios: Ese es nuestro culto espiritual. No sigan la corriente del mundo en que vivimos, más bien transfórmense por la renovación de la mente. Así sabrán ver cuál es la voluntad de Dios, lo que es bueno, lo que le agrada, lo que es perfecto" (Romanos 12:1-2).

## Compartir: Una exigencia del Amor

Dicen que un pequeño perro fue golpeado por un automóvil en una carretera.

Un médico vio el accidente y detuvo su carro para ver si podía asistir al animal. Lo llevó con cuidado a su casa y le sanó las heridas. Gracias a Dios el impacto no había sido muy severo.

El doctor tenía al perrito en sus brazos después que lo había atendido, cuando de pronto el perro salta de sus brazos y se va de la casa.

El médico pensó: Qué ingrato perro. Pero estaba tan ocupado con sus responsabilidades que no pensó más en el animal.

La noche siguiente, el médico escucha un ruido extraño en la puerta de su casa, como si alguien estuviera arañando la madera. Cuando abre, ve al perrito que había curado junto con otro perrito que estaba herido y que venía con su compañero para que el médico lo curara.

### Comentario

Jesús nos sana, nos libera y nos salva. La vida nueva que Jesús nos da no está completa hasta que seamos capaces de compartirla con los demás... Hasta que seamos capaces de llevar a otros a la fuente de vida que es Jesús.

### Cita bíblica

> "Entonces Jesús, acercándose, les habló con estas palabras: "Todo poder se me ha dado en el cielo y en la tierra. Por eso, vayan y hagan que todos los pueblos sean mis discípulos. Bautícenlos, en

el nombre del Padre y del Hijo y del Espíritu Santo, y enséñenles a cumplir todo lo que yo les he encomendado. Yo estoy con ustedes todos los días hasta que se termine este mundo" (Mateo 28:18-20).

## No hagas a otros lo que no quieras para ti

Don Roque era ya un anciano cuando murió su esposa. Durante largos años había trabajado con ahínco para sacar adelante a su familia. Su mayor deseo era ver a su hijo convertido en un hombre de bien, respetado por los demás, ya que para lograrlo dedicó su vida y su escasa fortuna. A los setenta años, don Roque se encontraba sin fuerzas, sin esperanzas, sólo y lleno de recuerdos. Esperaba que su hijo, ahora brillante profesional, le ofreciera su apoyo y comprensión, pero veía pasar los días sin que éste apareciera, y decidió por primera vez en su vida pedirle un favor. Don Roque tocó la puerta de la casa donde vivía el hijo con su familia". ¡Hola, ¡papá!, qué milagro que vienes por aquí". "Ya sabes que no me gusta molestarte, pero me siento muy solo; además estoy cansado y viejo".

"Pues a nosotros nos da mucho gusto que vengas a visitarnos ya sabe que ésta es tu casa". Gracias, hijo, sabía que podía contar contigo, pero temía ser un estorbo. Entonces, ¿no te molestaría que me quedara a vivir con ustedes?

¡Me siento tan solo! ¿Quedarte a vivir aquí? Si...claro.... Pero no sé si estarías a gusto. Tú sabes, la casa es chica... Mi esposa es muy especial... Y luego los niños... Mira, hijo, si te causo muchas molestias olvídalo. No te preocupes por mí, alguien me tenderá la mano. No padre, no es eso. Solo que... No se me ocurre donde podrías dormir. No puedo sacar a nadie de su cuarto, mis hijos no me lo perdonarían... O sólo que no te moleste... ¿Qué hijo? Dormir en el patio. Dormir en el patio... Está bien. él hijo de don Roque llamó a su hijo de doce años. Dime papá. Mira, tu abuelo se quedará a vivir con nosotros. Tráele una cobija para que se tape en la noche. Si, con gusto... y ¿dónde va a dormir? En el patio, no quiere que nos incomodemos por su culpa. Luis subió por la cobija, tomó unas tijeras y la cortó en dos. En ese momento llegó su padre. ¿Qué haces Luis? ¿Por qué cortas la cobija de tu abuelo? Sabes, papá estaba pensando... En guardar la mitad de la cobija para cuando tú seas ya viejo y vayas a vivir a mi casa.

### Comentario

La gran enfermedad de hoy: No saber amar. Vivimos en un mundo que nos enseña a ser egoísta injustos y despreocupados de los demás. Despreocupados, sí, aún de esos que están más cerca a nosotros.

### Cita bíblica

> "Si yo hablara todas las lenguas de los hombres y de los ángeles, y me faltara el amor, no sería más que bronce que resuena y campana que toca. Si yo tuviera el don de profecía, conociendo las cosas secretas con toda clase de conocimientos, y tuviera tanta fe como para trasladar los montes, pero me faltara el amor, nada soy. Si reparto todo lo que poseo a los pobres y si entrego hasta mi propio cuerpo, pero no por amor, sino para recibir alabanzas, de nada me sirve" (1Corintios 13:1-3).

## Ante Dios todos somos iguales

Una vez, cuando el hijo de un bien conocido Ministro de Bombay, visitó a un director de colegio, éste le pidió que tomase una silla, explicándole que estaba muy ocupado, pero que le atendería en seguida.

Pero, señor, objetó el joven visitante algo impaciente, es posible que usted no se dé cuenta. ¡Yo soy el hijo del señor...!

¡Oh!, replicó el director atentamente, en ese caso, tome dos sillas.

### Comentario

Es tentación común de todos tomarnos demasiado formalmente a nosotros mismos y no a los demás, o mostrar una indebida parcialidad a alguien. El apóstol Santiago advirtió contra esta práctica, en términos no inciertos:

### Cita bíblica

> "Supongamos que entra en su asamblea un hombre bien vestido y con un anillo de oro y entra también un pobre con ropas sucias, y ustedes se deshacen en atenciones con el hombre bien vestido y le dicen: Tome este asiento, que es muy bueno; mientras que al pobre le dicen: Quédate de pie, o bien: Siéntate en el suelo a mis pies. Díganme, ¿no sería hacer diferencias y hacerlas con criterios pésimos?" (Santiago 2:2-4).

## Remedio contra el chisme y la mentira

Una señora aficionada a divulgar historias falsas y a practicar el arte del chisme, no parecía querer corregirse con los consejos de su esposo. "Lo siento no lo dije con intención me retractaré", acostumbraba a decir, pero siempre volvía a su mala costumbre.

Finalmente, su muy esposo la envió a confesarse con un sacerdote quien, con una buena penitencia, le dio una gran lección.

Como penitencia vuelve a tu casa y tráeme dos gallinas. Inmediatamente regresó la señora con las gallinas.

Ahora mátalas y regresa a tu casa por el mismo camino por donde viniste y mientras caminas vas quitándoles pluma por pluma, hasta dejarlas peladas y vas dejando regadas las plumas por el camino y regresa mañana con las gallinas desplumadas y luego te absolveré, le dijo el sacerdote.

Esa penitencia es fácil dijo la señora chismosa con expresión de alegría en el rostro.

Al día siguiente, volvió la señora con las gallinas en la mano. Padre deme la absolución, pues he cumplido la penitencia.

Muy bien hija, pero antes, vete a tu casa por el mismo camino, llévate las gallinas y vas recogiendo pluma por pluma y se las vas poniendo a las gallinas hasta que queden nuevamente emplumadas como antes estaban.

Pero, Padre ¡eso es imposible! Exclamó la señora, el viento las ha regado por los montes y por toda la calle.

Exactamente, dijo el sacerdote. Es lo mismo que sucede con las habladurías que propagas, una vez dichas no hay forma de recogerlas.

## Comentario

Lo mismo sucede en la vida de cada día. Las palabras de murmuración de calumnia que se lanzan libremente con poca o ninguna intención de producir el daño que pueden causar, es posible que vuelen hasta el interior de las vidas de centenares de personas y resulten tan imposibles de recoger, como las plumas al viento.

Esto me recuerda un sabio pensamiento: Conserva la boca cerrada, cerradas las puertas de la vista y el oído y mientras vivas no tendrás problemas. Pero abre la boca y estarás en dificultades toda tu vida (Lao Tsé).

## Cita bíblica

> La lengua... es un látigo incansable lleno de veneno mortal. Con ella bendecimos a Dios Padre, y con ella maldecimos a los hombres hechos a imagen de Dios" (Santiago 3:8-9).

## Cambiar yo para que cambie el mundo

Cierta vez unos jóvenes conversaban con un hombre que era religioso. De pronto, uno de ellos le preguntó: Dígame, ¿cómo cree que podamos pedirle al Señor que mejore este mundo en que vivimos?

El hombre respondió: De joven, mi oración consistía en pedirle a Dios: "Señor, dame la fuerza para cambiar al mundo".

A medida que me fui haciendo adulto, caí en la cuenta de que no había transformado ni una sola alma y comencé a decir: "Señor, dame la gracia de transformar, aunque sólo sea a mi familia y a mis amigos:

Ahora, mi única oración es: "Señor, dame la gracia de cambiarme a mí mismo".

Si hubiera orado de esta manera desde el principio, no habría malgastado mi vida.

### Comentario

De igual manera, todos desean siempre cambiar a sus semejantes para mejorar al mundo, pero casi nadie piensa en hacerlo antes consigo mismo.

### Cita bíblica

Jesús le dijo a Simón Pedro: "Pero yo he rogado por ti para que tu fe no desfallezca. Tu entonces, cuando hayas vuelto tendrás que fortalecer a tus hermanos" (Lucas 22:32).

Capítulo 3

# Fe en Dios

## Ora y actúa

Un discípulo llegó a lomo de su camello· ante la tienda de un maestro, desmontó y entrando en la tienda hizo una profunda reverencia y dijo: "Tengo tan gran confianza en Dios que he dejado suelto a mi camello allá afuera porque estoy convencido de que Dios protege los intereses de los que le aman.

El maestro le contestó: "Pues sal afuera y ata a tu camello, tonto" y añadió: "Dios no puede ocuparse de hacer en tu lugar lo que eres perfectamente capaz de hacer por ti mismo".

### Comentario

Piensa si tu fe tiene algo de común a la fe infantil de este discípulo y si es así ¿de qué te sirve creer si no actúas y pones de tu parte? Por tanto, pídele al Señor que aumente tu fe.

### Cita bíblica

> "Si uno dice que tiene fe, pero no viene con obras ¿de qué le sirve? ¿acaso lo salvará esa fe?. La fe si no produce obras, muere solita y sería fácil decirle a uno: "Tú tienes fe, pero yo tengo obras. Muéstrame tu fe sin obras, y yo te mostraré mi fe a través

de las obras. ¿Tú crees que hay un sólo Dios? Pues muy bien, pero eso lo creen también los demonios y tiemblan. Entiendan pues que uno llega a la verdadera rectitud a través de las obras y no sólo por la fe" (Santiago 2:14, 17-19 y 24).

## Parece absurdo "creer, pero creo"

Cuentan que un irónico profesor ateo, se dirigió al grupo de niños y ofreció una gran cantidad de dinero a quien le dijera dónde estaba Dios. Todos callaban. Pero uno de ellos se levantó, llegó hasta adelante y le dijo al maestro: "Pues yo le doy el doble si me dice dónde no está".

### Comentario

Esta actitud del maestro nos hace recordar una frase de Pascal: "La poca ciencia hace al hombre ateo".

### Cita bíblica

> "¿Así que eres sabio y entendido? Si tu sabiduría es modesta, veremos sus frutos en tu conducta noble. Pero si te vuelve amargo, celoso, peleador, no te fíes de ella, que eso sería mentira. Esa clase de sabiduría no viene de arriba sino de la tierra, de tu propio genio y del demonio. Y donde hay envidia y ambición habrá también inestabilidad y muchas cosas malas. En cambio, la sabiduría que viene de arriba es, ante todo, recta y pacífica, capaz de comprender a los demás y aceptarlos; está llena de indulgencia y produce buenas obras, no es parcial ni hipócrita. Los que trabajan por la paz siembran en la paz y cosechan frutos en todo lo bueno" (Santiago 3:13-18).

## Y recuerda

Y también leemos: "Tú, Señor, en el principio pusiste la tierra sobre sus bases, y los cielos son obra de tus manos. Ellos desaparecerán, pero tú permaneces. Serán para ti como un vestido viejo; los doblarás como una capa y los cambiarás. Pero tú eres siempre el mismo y tus años no terminarán jamás. A ninguno de sus ángeles dijo: Siéntate a mi derecha hasta que ponga a tus enemigos como tarima de tus pies" (Hebreos 1:10-13).

## Tres clases de cristianos

Antes de encontrar la vida victoriosa, los discípulos estaban a merced de las circunstancias. Más adelante fueron dueños de las circunstancias. Aprendieron a moldear la vida; no a dejarse moldear.

Hay tres especies de cristianos: "Los de remo, los de vela y los de motor".

El tipo de *"remo"*. Es el humanista, que depende sólo de sí mismo, que trata de batirse con sus propios recursos. Pero en cuanto esos recursos son escasos, su progreso es muy lento.

El tipo de "*a la vela*". Está a merced de los vientos. Son personas que dependen de las circunstancias y de otras personas. Si los vientos les son favorables, si quienes les rodean les halagan, van bien. Pero si las cosas se les tornan contrarias se detienen. No son cristianos en quienes se pueda confiar.

Y luego tenemos el tipo *"motor"*. Estos son los que poseen un poder interior y continúan adelante, sean o no favorables los vientos. Es verdad que marchan mejor y más rápido si el viento es favorable, pero sea como sea, van siempre adelante.

Están interiormente preparados. Estos no dependen de sí mismos ni de las circunstancias, sino que dependen de Cristo. Se puede contar siempre con ellos.

## Comentario

El discípulo de Jesucristo es el que hace; no es discípulo suyo quien dice y no hace. La diferencia fundamental propuesta por Jesucristo es entre el decir y el hacer. Hay gente que dice y no hace. Otros no dicen y hacen, sólo éstos son cristianos. El problema principal no consiste en saber decir sino en querer hacer. Los hombres saben lo que hay que hacer, pero no lo hacen. Ese es el drama de la humanidad (J. Comblin).

## Cita bíblica

> No es el que me dice: "Señor, Señor, el que entrará en el Reino de los Cielos, sino el que hace la voluntad de mi Padre del Cielo. El que escucha mis palabras y las practica es como un hombre inteligente que edificó su casa sobre la roca. Cayó la lluvia a torrentes, sopló el viento huracanado contra la casa, pero la casa no se derrumbó, porque tenía los cimientos sobre la roca. En cambio, el que oye estas palabras sin ponerlas en práctica, es como el que no piensa, y construye su casa sobre la arena. Cayó la lluvia a torrentes, soplaron los vientos contra la casa, y ésta se derrumbó con gran estrépito" (Mateo 7:21-24 y 27).

## Hay que probar a Dios

Un ateo dictaba una conferencia ante un gran auditorio, y después de haber finalizado su discurso, invitó a cualquiera que tuviese preguntas a que subiera a la plataforma. Después de unos momentos un hombre que había sido bien conocido en la localidad por su adicción a las bebidas embriagantes, pero que había sido salvado recientemente, aceptó la invitación, y sacando una naranja del bolsillo comenzó a pelarla lentamente.

El conferencista le pidió que hiciera la pregunta; pero el hombre continuó imperturbable pelando la naranja, al término de lo cual, se la comió. Cuando terminó de comérsela se volvió al conferencista y le preguntó:

¿Estaba dulce o agria?

No me pregunte tonterías -respondió el orador con señales evidentes de enojo-

¿Cómo puedo saber el gusto si no la he probado?

El borracho convertido respondió entonces:

Y ¿cómo puede usted saber algo de Cristo si nunca lo ha probado?

### Comentario

Al respecto dice el salmista: "Hagan la prueba y verán qué bueno es el Señor". El hombre con toda confianza y humildad debe abrirse a la manifestación de Dios en su vida y en su corazón, sólo así podrá experimentar la grandeza del poder de la presencia de Dios y de su existencia en cada cosa creada por Él.

## Cita bíblica

"Pongan la cara hacia arriba y miren. ¿Quién ha creado todos esos astros? El, el mismo, que hace salir en orden su ejército, y que llama a cada estrella por su nombre.

Su fuerza es grande y su poder tan inmenso, que ninguna se hace la desentendida.

¿Acaso no lo sabes, o nunca lo has oído? Yavé es un Dios eterno que ha trazado los contornos del mundo.

"No se cansa ni se fatiga y su inteligencia no tiene límites" (lsaías 40:26-28).

## Solo una niña tenía Fe

Cuentan que había una sequía muy grande. El sacerdote del pueblo pidió que todos se pusieran en oración y que se reunieran el siguiente día para ir a la montaña a darle gracias a Dios, por haber escuchado sus oraciones.

Al día siguiente, cuando se reunieron para ir a la montaña, el sacerdote reclamó la falta de fe de todos menos de una niña la cual llevaba consigo un paraguas.

### Comentario

La fe cristiana, es a un tiempo don de Dios y respuesta del hombre, se resume en una admirable experiencia de encuentro.

Dios que se encuentra con nosotros, que se deja encontrar, y que a veces reclama ser buscado: "Oigo en mi corazón: Busquen mi rostro, tu rostro buscaré Señor no me escondas tu rostro" (Salmo 26) o este otro que dice: "Como busca la sierva corriente de agua, así mi alma te busca a ti, Dios mío, tiene sed de Dios, del Dios vivo. ¿Cuándo entraré a ver el rostro de Dios" (Salmo 41)?

### Cita bíblica

"La fe es el esfuerzo por conseguir lo que esperamos; el convencimiento respecto a lo que no vemos" (Hebreos 11:1-2).

## La fe es la certeza de lo que no se ve

Cuenta la historia que un día un señor se cayó a un precipicio, pero pudo agarrarse de una rama.

Miraba hacia abajo y veía que el suelo estaba muy lejos de donde él estaba, y miraba hacia arriba y no podía subir a la parte de arriba donde se había encontrado anteriormente.

Entonces comenzó a orar: ¿Hay alguien allá arriba?, por favor ayúdenme, sintió una voz que le decía: ¿Aquí estoy hijo, soy yo qué quieres? Ayúdame, Dios mío. Sintió que Dios le decía: hijo, ten fe, déjate caer. El hombre entonces levantó su voz de nuevo y dijo: ¿Ayúdenme, hay alguien más allá arriba que me pueda ayudar?

### Comentario

La fe nos da la certeza de que aún en los momentos más difíciles Dios está con nosotros.

### Cita bíblica

> "Y ahora no vivo yo, sino que Cristo vive en mí. Todo lo que vivo en lo humano se hace vida mía por la fe en el Hijo de Dios que me amó y se entregó a mí" (Gálatas 2:20).

## Creo, aunque no veo

En las afueras de cierta ciudad vivía un astrónomo ateo que decía no creer en Dios porque no lo podía ver jamás, a pesar de sus potentes telescopios.

Poseía el astrónomo un huerto de manzanas en su granja.

Uno de los tantos días cuando se ausentaba de su hogar para dirigirse a la montaña donde estaba establecido el observatorio, recomendó a sus hijitos que no fueran a arrancar las manzanas porque aún estaban verdes.

Se fue al observatorio y después de otear un poco el espacio, se le ocurrió dirigir el lente hacia su propia granja y sorprendió a sus hijitos saltando la cerca, arrancando las manzanas y comiéndoselas verdes. El incrédulo ateo conmovido dijo: Pobres hijos míos, ellos no pueden verme; más yo sí los puedo ver a ellos. Si quizás será lo mismo conmigo y Dios: Yo no lo puedo ver a Él, pero Él sí me puede ver a mi".

### Comentario

Para quien no cree, las dudas siempre se apoderan de él. Espera y desea alcanzar argumentos lógicos, sin embargo, se llega a un momento en que la mente no puede entender el misterio infinito de Dios. Es ahí donde las verdades bíblicas se llevan al corazón no tanto a la razón.

## Cita bíblica

Al respecto el escritor Bíblico nos dice: "La fe es como aferrarse a lo que se espera, por la fe creemos que las etapas de la creación fueron dispuestas por la Palabra de Dios y sabemos que el mundo visible no tiene su origen en lo que se ve" (Hebreos 11:1-3).

## Dios es un misterio

Después de su conversión al cristianismo, San Agustín se entregó de lleno al profundo estudio de la teología. Deseando penetrar la realidad de la Trinidad, se retiró a las playas mediterráneas para estudiar a solas el tema que le obsesionaba. Y paseándose por la playa ensimismado y absorto, le molestaba ver que un pequeñín con una concha derramaba agua en un agujero que había hecho en la arena. Por fin, estalló su paciencia y le dijo:

Pero ¿qué haces chiquillo?

Sencillamente -le respondió el niño- quiero echar el mar en este hoyito.

¡Necio! -le replicó el teólogo-: loco debes ser queriendo meter el inmenso mar en la estrechez de este agujero.

Y dice la leyenda que el niño le respondió: Más necio eres tú pretendiendo encerrar a Dios en tu mezquina mente.

### Comentario

Es imposible encerrar a Dios en una idea, en un concepto o en lo limitado de la mente y la razón humana, porque las cosas de Dios se aceptan y se llevan en el corazón, no tanto en la pequeñez de la mente. Pretender entenderlo significaría agotar su dimensión de misterio eterno. Ante tan grande misterio, decía el ilustrísimo San Anselmo, "Creo para entender, y entiendo para creer. Aunque al fin y al cabo llega un momento en que todo lo que puedo hacer es doblar mis rodillas en humildad y simplemente creer".

## Cita bíblica

"Mis pensamientos no son sus pensamientos, ni mis caminos son sus caminos. ¡Cuánto dista el cielo de la tierra! Así distan mis caminos de sus caminos y mis pensamientos de sus pensamientos" (Isaías 55: 8-9).

## Danos ojos para ver

En el museo del pueblo en donde nació la célebre ciega Helen Keller tienen una máquina de escribir especial, construida en tal forma que cuando una persona escribe un mensaje en la forma común, los símbolos correspondientes del método Braille aparecen en un lugar circular en el fondo. La persona ciega puede colocar sus dedos sobre este lugar circular y leer en el sistema Braille lo que se está escribiendo a máquina.

Este es uno de los modos ingeniosos pará "abrir los ojos de los ciegos" y "sacar de casas de prisión a los que no pueden ver".

### Comentario

A los judíos se les hacía difícil aceptar lo que Jesús decía. Tenían a Dios delante de ellos, pero sin embargo su soberbia les impedía reconocerlo.

Jesús dijo que Él y el Padre eran la misma cosa. Sin embargo, muchos, aún después de haber visto los milagros que Él hacía, no lo reconocieron como Dios.

Jesús también dijo que Él es "el Pan de Vida bajado del cielo. Que el que come su carne y beba su sangre vivirá para siempre". Sin embargo, hay muchos malos cristianos que su orgullo, o tal vez ignorancia, les impiden creer que cada vez que recibimos la Santa Comunión estamos verdaderamente recibiendo el cuerpo y la sangre de Jesucristo.

## Cita bíblica

Jesús dijo: "El que come mi carne y bebe mi sangre, vive de Vida Eterna, y yo lo resucitaré en el último día. Mi carne es comida verdadera y mi sangre es bebida verdadera. El que come mi carne y bebe mi sangre vive en Mí, y yo en Él" (Juan 6:54-56).

## ¿A qué es semejante Dios?

El doctor nos relata acerca de un pequeño niño en el kindergarten, que estaba dibujando un cuadro.

-La maestra le preguntó:

¿Qué estás dibujando?

-Él contestó:

Estoy dibujando un cuadro de Dios.

-Ella dijo:

Pero tú no puedes hacer eso; nadie sabe a qué es semejante Dios. Pues, ese fue el propósito de Jesús: Mostrarnos con su vida la imagen y el carácter de Dios.

### Comentario

Muchos preguntan: ¿Cómo es Dios? La respuesta más apropiada es: "Dios es Amor" (Juan 4, 16). Si Dios es Amor, entonces, ¿hasta qué extremo nos ama Dios? La respuesta es: Dios nos ama desde siempre y nos amará para siempre, hasta el extremo infinito que no conoce fronteras ni barreras. Nos ama, simplemente, porque nos ama y porque nos ama es capaz de darlo todo por amor a ti y a todos. Sin reservas nos da Su Único Hijo para que no muramos eternamente, sino para que, un día sea nuestra, la misma Gloria de Dios: ¡el Cielo! (Juan 3, 16)

## Cita bíblica

Jesús vino a mostrarnos el rostro de Dios un día, cuando uno de sus discípulos le pide que le muestre al Padre, Jesús le dice, esto dice la Biblia de Jesús: "Él es la imagen del Dios invisible, el Primogénito de toda la Creación, ya que en Él fueron hechas todas las cosas" (Colosenses 1:15-16).

## Su único cuidado

Nos dijo un amigo, que venía de visitar un faro, que había preguntado al guardafaro si no le daba miedo vivir allí tan sólo.

No, dijo aquel, no tengo miedo, porque nunca tengo que pensar en mí mismo.

¿Cómo no pensar en usted mismo? La contestación fue la siguiente: Sé que sobre esta roca estoy completamente seguro, y mi único cuidado es tener siempre las luces encendidas, para que los que se hallan en peligro en el mar las vean y se salven.

### Comentario

Esto también es lo que hace el verdadero cristiano. Por sí mismo no se apura, porque está en la roca, Cristo. Sólo piensa en las almas que pueden hundirse en el mar del pecado, y procura que la luz del evangelio brille para guiar a las almas náufragas a la seguridad que se halla en Jesucristo.

### Cita bíblica

> "El Señor es mi roca, mi fortaleza, mi libertador. Dios mío, mi muro, mi refugio, mi escudo, mi fuerza salvadora, mi baluarte (Salmo 18:2).

## Fe anclada en Cristo

Durante sus vacaciones en la costa, una familia presenció una gran tempestad. Las olas subían a enormes alturas mientras que los vientos fuertes sacudían violentamente las embarcaciones que estaban amarradas al muelle.

Un niño de doce años, que miraba desde la ventana, se fijó en que sólo la boya flotaba serenamente en aquel turbulento mar y se mantenía en su lugar a pesar de los vientos fuertes. El niño comentó con los demás que la boya era la única cosa que había allí afuera que parecía no tener miedo, porque, aunque se hundía de vez en cuando, siempre volvía a subir sin daño y en el mismo lugar.

Entonces el papá les explicó que la boya se mantenía firme a pesar del viento fuerte porque estaba amarrada a un ancla en el fondo del mar, y agregó que también así es nuestra vida.

### Comentario

No existe bendición más grande como la gracia de tener confianza y esperanza verdadera en el Señor quien a su debido tiempo va a actuar en tu vida y va a hacer su obra en ti.

### Cita bíblica

> "Y nosotros hemos de responder confiados: El Señor es mi socorro, no temeré. ¿Qué pueden contra mí los hombres" (Hebreos 13:6)?

## El problema de la desesperación

Sam Dawkins es un hombre que intentó secuestrar un avión de los Estados Unidos. Exigía que le condujesen a la Habana, Cuba, y amenazó con matar al piloto y demás ayudantes si no accedían a su orden. El piloto aceptó, pero una de las azafatas valiéndose de astucia, logró sorpresivamente dominar al secuestrador. Este una vez capturado, dijo que su esposa había muerto de cáncer, que él había sido dañado en la guerra y que no tenía absolutamente nada por qué vivir. En otras palabras, que por desesperación había intentado tal cosa.

### Comentario

La desesperación es cosa de todos los días y azote de infinidad de personas. Vivimos en un mundo en el que aún los que no están desesperados están expuestos, a los extravíos y abusos que cometen quienes se encuentran en tan lamentable estado emocional. Hoy por hoy, un sentido de insatisfacción y de frustración domina a muchos individuos. En medio de la multitud, muchos lloran su soledad. Y aunque estén rodeados de abundantes bienes materiales siguen siendo pobres. Los placeres de la carne, la bulla de la música y la vida sin sentido no logran desarraigar la tristeza crónica que aplasta a tantísimas personas. La desesperación es una bomba atómica que ya estalló y el número de sus víctimas no ha terminado aún.

## Cita bíblica

El remedio contra la desesperación: ¡Jesús! Es por eso que El dice: "Vengan a mí los que se sientan cargados y agobiados, porque yo los aliviaré. Carguen con mi yugo y aprendan de mí que soy paciente de corazón y humilde, y sus almas encontrarán alivio. Pues mi yugo es bueno y mi carga liviana" (Mateo 11:28-30).

## Oraciones siempre contestadas

Un hermano saliendo de la iglesia le decía a su compañero de camino, expresando su desencanto:

-Pues yo, francamente, te diré que Dios no contesta siempre todas mis oraciones.

-Es raro, contestó el otro, puesto que a mí siempre me las ha contestado.

-¡Siempre! ¿De veras?

-Sí, de veras; solamente que a veces me contesta "si" y otras me contesta "no". Pero yo quedo tranquilo y contento, porque sé que El ha contestado, según es mejor para mí.

### Comentario

La oración es la total confianza y abandono en las manos del Padre que escucha siempre nuestro clamor y contesta según su Voluntad.

### Cita bíblica

"Y doblando las rodillas oraba diciendo: Padre, si quieres, aparta de mí esta prueba. Sin embargo, que no se haga mi voluntad sino la tuya. Entonces se le apareció un ángel del cielo que venía a animarlo, y empezó a luchar contra la muerte. Oraba con más insistencia y su sudor se convirtió en grandes gotas de sangre, que caían hasta el suelo.

Después de orar se levantó y fue hacia donde estaban los discípulos y los halló durmiendo, vencidos por la tristeza. Les dijo: ¿Cómo pueden estar durmiendo? Levántense y oren para que no los venza la prueba" (Lucas 22:42-46).

## La fe es un don divino

Un joven que buscaba un sabio capaz de encausarle por el camino de la santidad llegó a un sitio presidido por un hombre al cual llamaban Sabio y que, a pesar de gozar una gran fama de santidad, era un farsante, pero el otro no lo sabía.

Antes de aceptarte como discípulo le dijo el sabio: "Debo probar tu obediencia. Por el lado Este de este terreno, fluye un río plagado de cocodrilos, deseo que lo cruces nadando".

La fe del joven discípulo era tan grande que hizo exactamente lo que se le pedía, se dirigió al río y se introdujo en él gritando: "Alabado sea el poder del hombre que me envía" y ante el asombro de éste, el joven cruzó el agua hasta la otra orilla y regresó del mismo modo sin sufrir el más mínimo daño.

Aquello convenció al gurú que era aún más santo que lo que se había imaginado de modo que decidió hacer a todos sus discípulos una demostración de su poder y acrecentar su fama de santidad y se metió en el río gritando: "Alabado sea yo, alabado sea yo" y al instante llegaron los cocodrilos y lo devoraron.

### Comentario

La fe es un don de Dios y como respuesta es una decisión fundamental de abandono y confianza absoluta en Dios, sabiendo que todo lo hacemos en nombre de Él y nada por nuestros propios esfuerzos o méritos.

## Cita bíblica

"Nadie se salva por sí mismo sino por la gracia a través de la fe que es un don de Dios" (Efesios 2:8).

## Y recuerda

"Confía en el Señor con todo tu corazón y no te apoyes en tu inteligencia" (Proverbios 3:5).

## La verdadera fe

El superior de un convento húngaro, en la zona ocupada por el ejército comunista, refiere lo siguiente.

Anteayer llegó aquí un capitán comunista, pidiendo hablar conmigo a solas. Lo llevé a un pequeño cuarto, y cerré la puerta. El militar comunista señaló al pequeño Cristo que colgaba de la pared, y me dijo: "Todo eso de Cristo y de Dios es un cuento inventado por ustedes los sacerdotes, para engañar a los pobres y favorecer a los ricos". Dígame que nunca ha creído usted en Dios.

Sonriendo le expliqué: Si yo dijera eso, sería mentira, porque yo creo firmemente en Dios. No me venga usted con cuentos -insistió el comunista-; estoy hablando en serio, no trate de engañarme.

Empuñó su revólver, y apuntándolo hacia mí, dijo: "No puedo hacer semejante cosa; no puedo mentir".

Entonces el comunista tiró al piso su revólver, me abrazó y, con los ojos llenos de lágrimas me dijo: "Padre, también yo creo en Dios; sólo quería ver si hay todavía hombres capaces de morir por Dios; ahora yo también seré capaz de morir por Dios".

## Comentario

A lo largo de la historia de nuestra Iglesia Católica han habido hombres y mujeres que han entregado incluso hasta su propia persona a Dios por su fe y se les ha llamado "Mártires de la Fe". Y tú en tu fe: ¿Serías capaz de darlo todo por Cristo?

## Cita bíblica

> "Si alguien no me ama a mí más que a su propia vida, no puede ser mi seguidor" dijo Jesús (Lucas 14, 26).

Capítulo 4

# Amor de Dios

## Elección amorosa

Uno de los frailes, le preguntaba a Francisco de Asís: ¿Si no eres sabio ni culto por qué la gente te sigue?

Porque Dios no ha encontrado pecador más grande en la tierra en quien manifestar su Gloria, contestó Francisco.

### Comentario

No hemos sido elegidos por ser los mejores ni por méritos propios sino por gracia y por pura misericordia divina.

El libre llamado es obra de Dios, que llamó a los que Él quiso. Entonces, la libre respuesta es exclusiva de cada cual que puede o no, responder ante quien llama, pero no obliga.

Las semillas caen en tierra, pero no todas producen el mismo porcentaje de fruto. La cantidad y la calidad dependen de la tierra no de la semilla.

## Cita bíblica

Al respecto dijo Jesús: "Ustedes no me eligieron a mí, sino que fui yo quien los eligió a ustedes" (Juan 15:16).

## Y recuerda

Que San Pablo por su parte afirma: "En realidad ninguno de nosotros vive para sí mismo. Si vivimos, vivimos para el Señor y si morimos, morimos para el Señor. Tanto en la vida como en la muerte, pertenecemos al Señor" (Romano 14:7-8).

## Expresión máxima del amor

Una vez un niño mirando a Jesús crucificado le pregunta: ¿De qué tamaño me amas? De este tamaño respondió Jesús. Y abriendo sus brazos de par en par, murió por él.

### Comentario

La Biblia afirma que no hay amor más grande que dar la vida por los demás, eso fue lo que hizo Jesús para salvarnos y enseñarnos a amar.

### Cita bíblica

> Jesús dijo: "Tanto amó Dios al mundo que le entregó a su Hijo Único, para que todo el que cree en Él no perezca, sino que viva para siempre" (Juan 3:16).

## ¿Te amas a ti mismo?

Un ejecutivo preguntó al maestro ¿cuál creía él que era el secreto para una vida dichosa y afortunada?

"Hacer feliz cada día a una persona" le respondió el maestro y tras unos breves instantes dijo: ¿Aunque esa persona seas tú mismo?

Hizo otro espacio y añadió: "Sobre todo si esa persona eres tú mismo".

### Comentario

"Amar a Dios sobre todas las cosas" es el primer mandamiento de la Ley de Dios e incluye "el amor al prójimo como a sí mismo".

El secreto para una vida feliz consiste entonces, en primer lugar, en estar bien con Dios y si es así entonces estará bien consigo mismo, para poder estar bien con el prójimo... He ahí la clave de una vida feliz.

### Cita bíblica

"El Señor ha hecho grandes cosas por nosotros, por eso estamos llenos de alegría" (Salmo 123:3).

## La respuesta de Dios ante el mal

Se cuenta que un día un hombre al ver tanto dolor, tanta injusticia, tanta hambre y tanta desigualdad en el mundo se encaró contra Dios y lanzando un grito hacia el cielo exclamó: "Dios, si tú eres tan bueno, por qué no haces algo para cambiar tanto dolor que hay en el mundo".

El hombre no escuchó respuesta de Dios.

Aquella noche, se prepara para dormir cuando en su interior, aquel hombre que le reclamó a Dios escuchó una voz que le decía: "Hijo mío, tú me preguntas que si ¿he hecho algo para cambiar la situación del mundo? Yo te digo sí, he hecho algo; yo te he hecho a ti".

### Comentario

Tal vez tú, querido lector, no puedas cambiar el mundo, pero hay algo que sí puedes cambiar y eso eres tú. Cambia tú, síguete acercando a Jesús quien es nuestro más sumo bien y verás como Dios te va a usar con poder para hacer de este mundo uno mejor.

### Cita bíblica

> Jesús dijo: "Ustedes son la sal de la tierra. Y si la sal se vuelve desabrida, ¿con qué se le puede devolver el sabor? Ya no sirve para nada sino para echarla a la basura o para que la pise la gente. Ustedes son luz para el mundo. No se puede esconder una ciudad edificada sobre un cerro. No se enciende una lámpara

para esconderla en un tiesto, sino para ponerla en un candelero a fin de que alumbre a todos los de la casa. Así, pues, para que vean sus buenas obras y glorifiquen al Padre de ustedes que está en los cielos" (Mateo 5:13-16).

## Huellas en la arena

Dicen que una vez un hombre tuvo un sueño. En la arena a la orilla de una playa; a su mente venían los momentos más gratos y más dulces de su vida.

Mirando hacia la luna se dio cuenta que había a su paso dos huellas de dos personas, una, las huellas de sus pies, la otra las huellas de Jesús y levantó su voz al cielo y le dio gracias a Dios por los momentos más felices y más gratos de su vida que Jesús camina con él.

Pero a su mente comenzaron a venir otros pensamientos y otras imágenes de momentos tristes y más dolorosos de su vida y cuando miró hacia la arena se dio cuenta que faltaban un par de huellas y se sintió sólo y abandonado de Jesús en los momentos en que más necesitó de Él y levantando su voz al cielo exclamó:

Señor cómo es posible que, en los momentos de más dolor en mi vida, en los momentos de más soledad, en los momentos en que más he necesitado de ti tú me has abandonado y me has dejado sólo.

Fue entonces que aquel hombre en sus sueños sintió que desde el cielo Jesús le decía: Hijo mío, en tus momentos de más dolor, de más soledad y de más sufrimiento yo he estado más cerca de ti de lo que tú te imaginas y ese par de huellas que tú has visto en la arena han sido mis huellas y no las tuyas porque en esos momentos de más sufrimiento en tu vida he sido yo quien te ha llevado en mis brazos.

### Comentario

Si en este día sientes el aguijón de la soledad, de la desilusión o del desamor, acuérdate, no estás solo. Es precisamente en estos momentos que no sólo Jesús está más cerca de ti; pero es Él quien te lleva en sus brazos.

### Cita bíblica

"El Señor es mi Pastor, nada me falta" (Salmo 23:1).

## Cuidemos mucho lo que más vale

Un joven, joyero de oficio, se fue en un barco a la India en busca de trabajo. Andando un día de tantos, por las calles de una ciudad se encontró con un hombre que vendía piedras preciosas. Al acercársele, observó que el hombre tenía una piedra en bruto, pero que brillaba. Le llamó la atención y se dio cuenta que era un diamante. Entonces le ofreció comprárselo, y como el hombre notó el interés de aquel joven, le aumentó el precio. El joven le dio todo lo que tenía, y se quedó solo con el pasaje de regreso.

Muy emocionado decidió volver a su casa, con la ilusión de que aquel diamante lo haría rico. Una tarde, cuando iba en el barco, estaba recostado junto a la baranda del barco y tiraba el diamante en el aire, agarrándolo después con la mano. Un pasajero se le acercó y con mucha admiración vio el diamante, y le dijo al joven que tenía en sus manos una fortuna. Lo sé, dijo el joven, pienso ser rico con este diamante.

Pero, muchacho, ¿le dijo el señor, como te pones a jugar con ese diamante? ¿No ves que se te puede caer en el mar y lo pierdes para siempre? El joven, entonces, con aire de vanidad dijo: No se me cae, yo tengo ojo de águila y nervios de acero. Y, diciendo eso, tiró nuevamente el diamante, pero antes de cogerlo con la mano, una ola grande y fuerte hizo balancearse un poco al barco, y aunque el joven estiró su brazo para coger el diamante, no pudo alcanzarlo y este cayó al mar.

## Comentario

Probablemente digamos: ¡Qué tonto! Pero, detente un momento y examina a ver si acaso tú no estás haciendo la misma cosa. Dios te ha dado el diamante de la vida que es Jesucristo, pero si no andas en los caminos de Dios, y no tienes tu confianza puesta en el Señor Jesucristo, entonces yo te aseguró que vas a perder ese diamante para no recobrarlo jamás.

Dios permita, por lo tanto, que en este mismo momento puedas tomar la decisión de cuidar mucho lo que más vale que es Jesús, viviendo desde ya según sus enseñanzas y voluntad.

## Cita bíblica

> "¿Quién nos separará del amor de Cristo? ¿Las pruebas o la angustia, la persecución o el hambre, la falta de ropa, los peligros o la espada? No, en todo esto triunfaremos gracias al que nos amó. Estoy seguro de que ni la muerte, ni la vida, ni los ángeles, ni los poderes espirituales, ni el presente, ni el futuro, ni las fuerzas del universo, sean de los cielos, sean de los abismos, ni criatura alguna, podrá apartarnos del amor de Dios, que encontramos en Cristo Jesús nuestro Señor" (Romanos 8:35, 37-39).

## Ante la tragedia y el dolor Dios nos habla

Un hombre quería conocer los caminos del Señor.

Un día un extraño se le acercó y le preguntó: ¿Quieres conocer los caminos del Señor? Entonces sígueme.

Fueron a una casa de un matrimonio muy pobre que les dieron posada. A la mañana siguiente el extraño despierta al hombre y le dice: Vamos, pero antes de irse, quema la casa. El hombre le insulta y dice: Estos no pueden ser los caminos de Dios. El extraño no le hace caso. Sólo le dijo, quieres ver los caminos de Dios, entonces sígueme. Más tarde pasan cerca de un puente, el puente esta por caerse, un niño se aproxima a pasarlo; el hombre quiere detener al niño, pero el extraño se lo impide. El niño comienza a cruzar el puente, pero este se desploma y el niño muere. De nuevo el hombre insulta, se revela y dice: Estos no pueden ser los caminos de Dios. El extraño por segunda vez no le hace caso, sino que le recuerda que él quería ver los caminos de Dios.

Siguen adelante en su jornada y finalmente llegan a casa de un hombre muy rico que les invita a pasar y a disfrutar de una fiesta que le van a hacer en su honor. Entran y cuando todos están saludándose, el extraño va al comedor, toma una preciosa copa de oro, que era la del dueño y sale de la casa con ella. El hombre ya no puede aguantar más y dice: Si estos son los caminos de Dios, entonces yo nada quiero ver con Dios.

## Comentario

Así reaccionamos muchas veces ante una situación adversa. Sin embargo, el extraño era un ángel que quería mostrar a aquel hombre la misericordia de Dios y cómo Dios nos habla, aún ante la tragedia y el dolor, si solamente entendemos que todo lo que El permite, por muy malo que sea es siempre para nuestro bien.

La historia cuenta que los pobres cuya casa fue quemada, encontraron oro debajo de los escombros. El niño fue liberado de un futuro infernal. Iba a ser un criminal despiadado. Ahora estaba gozando de la presencia de Dios. Finalmente, el robo de la copa también tenía su razón. Unos enemigos del hombre rico habían puesto veneno para matarlo. Dios lo había liberado de tal desastre.

## Cita bíblica

> "Sabemos que Dios dispone todas las cosas para bien de los que lo aman, a quienes Él ha llamado y escogido" (Romanos 8:28).

## Es triste sentirse perdido

Hace varios años me encontraba en un aeropuerto, esperando que los magnavoces anunciaran la partida del avión en que viajaría aquella mañana. En el amplio salón de espera había más de cien personas, y un murmullo de voces daba vida al ambiente. Los rostros se miraban con la inquietud característica de los que están por realizar un vuelo.

De pronto se oyeron los gritos angustiosos de alguien que corría desesperado de un lugar a otro. Era un niño como de siete años que envuelto en lágrimas decía: "Papá, papá, ¿dónde estás? Me dejaste solo".

Una docena de brazos de hombres y mujeres se estiraron para tomar al niño; algunos, compadecidos, trataban de consolar al niño con palabras cariñosas; otros preguntaban: ¿Y quién es el padre de esta criatura?

Pero el niño no se consolaba; seguía llorando y preguntando en vano. "Papá, que te hiciste? Ven pronto; estoy perdido".

Aquellos minutos se hicieron eternos. Pero pasaron. Por fin, el padre del niño apareció, aparentemente tranquilo, como sin haberse percatado del problema de su hijito. Cuando este le vio, corrió a sus brazos, y su lamento, ya moribundo por agotamiento de fuerzas, fue el siguiente: "Papi, ¿Por qué te fuiste? Estaba perdido sin ti".

El padre lo levantó, lo apretó contra su pecho y, mostrando su conmoción, le dijo: "Andaba por ahí no mas, mi hijito, pero aquí estoy ahora; ya no te dejaré solo.

El niño recostó su cabecita sobre el hombro de su padre, se sumió en su silencio de gozo, y a muchos pares de ojos se les vio humedecidos de lágrimas. Un momento más y el avión de plateadas alas izaba vuelo hacia el lejano azul.

## Comentario

En medio del bullicio, rodeados de un mar de gente, muchos se sienten solos y perdidos y lejos de los brazos amorosos de un Padre providente y bueno. El dolor de la soledad es terrible; la conciencia de estar perdido es angustiosa. Y el consuelo que el mundo nos quiere dar no llena nuestro vacío. El hombre tiene que hallar su centro en Dios.

## Cita bíblica

> Afortunadamente, el que está perdido, el que carece de hogar espiritual, no tiene que estarlo siempre, pues Jesucristo nos dice que Él ha "venido a buscar y a salvar" lo que está perdido. (Lucas 19:10).

## Jesús, siendo de condición divina, se hizo uno como nosotros

Cierta vez una tropa estaba construyendo un fuerte y unos soldados forcejeaban a más no poder con un poste, para colocarlo en su lugar. ¡Alcen ahí, fuerza allá! Se le oía gritar al jefe del pelotón que era un cabo. Estaba impartiendo órdenes a diestra y siniestra, pero se abstenía cuidadosamente de colaborar.

En ese instante cruzaba por allí un hombre a caballo, quien, al presenciar la escena, inmediatamente se acercó, desmontó de su caballo y sin perder palabra, puso su hombro con aquellos soldados. Cuando terminó de ayudarles de poner el poste en el lugar en que lo necesitaban, el desconocido se volvió hacia el cabo y le preguntó: ¿Y usted, por qué no les ayudó? ¿Yo?, respondió el aludido, yo soy el Cabo. Queriendo decir, que, como Cabo, no era su responsabilidad el tener que intervenir en tales trabajos con sus soldados. Comprendo, dijo el desconocido. Entonces la próxima vez que necesite usted ayuda para algún trabajo, y yo me encuentre en la vecindad, por favor, llámame yo soy Jorge Washington.

### Comentario

Jesús es la revelación del Padre, es la imagen del Dios invisible y coma tal, nos reveló el rostro amoroso del Padre que es amigo cercano y personal.

Dios busca al hombre y se acerca a él para comunicarle su plan de amor. Este es el Dios que nos muestra Jesús en quien creemos, confiamos y esperamos.

## Cita bíblica

"Tengan entre ustedes los mismos sentimientos que tuvo Cristo Jesús: El, que era de condición divina, no se aferró celoso a su igualdad con Dios, sino que se rebajó asimismo hasta ya no ser nada, tomando la condición de esclavo y llegó a ser semejante a los hombres.

Habiéndose comportado como hombre, se humilló, y se hizo obediente hasta la muerte y muerte de cruz.

Por eso Dios lo engrandeció y le concedió el Nombre que esta sobre todo nombre, para que ante el Nombre de Jesús toda rodilla se doble en el cielo y en la tierra y entre los muertos.

Y toda lengua proclame que Cristo Jesús es el Señor, para Gloria de Dios Padre" (Filipenses 2:5-11).

## Las manos orantes

Tal vez muchos han visto esa escultura de dos manos en oración que se entrelazan, levantándose al cielo. La historia del origen de esas manos es muy bella: Eran dos jóvenes amigos, con ansias de llegar a ser artistas. Uno quería ser escultor y el otro pintor. Como no tenían para sostener sus estudios, hicieron un trato: El aficionado a la pintura trabajaría primero, para ayudar a su amigo en sus estudios. Cuando este los terminara y ganara dinero con sus esculturas, el otro podría comenzar a estudiar pintura.

Así pasaron varios años hasta que por fin un día quien había estudiado para escultor llegó al taller de carpintería de su amigo y le dijo: Deja el martillo y el serrucho. Es hora de que comiences a estudiar pintura. Gracias a ti yo soy escultor... ahora yo haré esculturas para que seas un gran pintor.

El amigo abandonó la carpintería, pero cuando tomó el pincel entre sus manos había perdido el pulso. Sus manos maltratadas y acostumbradas al duro trabajo del taller se habían deformado y ya no podía pintar más. Entonces volvió con su amigo y le dijo: Solo te quiero pedir un favor: Mira mis manos... Quiero que hagas una escultura...no son muy bellas, al contrario. Pero es para que no te olvides que ellas se deshicieron para que tú te realizaras. Perdí mis manos de artista para que tú fueras lo que anhelabas ser... Y allí están esculpidas esas manos retorcidas, con sus venas saltadas, como testigo de que alguien entregó su vida por otro.

## Comentario

Jesús también entregó sus manos y se dejó crucificar por ti. Y entregó toda su vida y hasta la última gota de sangre para que tuvieras vida en abundancia. Por eso cada crucifijo es una obra de arte, porque expresa la obra más maravillosa que se ha realizado en este mundo: Alguien murió para que tuvieras vida.

## Cita bíblica

> Jesús dijo: "Tanto amó Dios al mundo que entregó su Hijo único, para que todo el que crea en él no se pierda, sino que tenga vida eterna" (Juan 3:16).

## El sacrificio de una madre

Una vez una madre inglesa iba por las colinas de Gales del Sur llevando en sus brazos a su hijito. Nunca llegaron a su destino porque le cogió una tempestad de nieve. Perdió el camino.

Los que salieron en busca de ellos, encontraron a la madre casi sin ropa. Cuando levantaron el cuerpo, hallaron debajo de ella el cuerpo del hijo. La madre se había quitado su ropa para envolver al niñito, y para protegerlo mejor se acostó sobre él.

El niño era David Lloyd George, el hombre que llegó a ser el Primer Ministro de Inglaterra durante la Primera Guerra Mundial.

Fue uno de los estadistas ingleses más importantes y contribuyó mucho al bien de la humanidad. Él siempre se acordaba que el sacrificio de su madre le había salvado la vida, y que había sido salvado para hacer algo especial en este mundo.

### Comentario

La salvación nuestra resultó del sacrificio de Jesús que nos amó a tal extremo que dio su vida por nosotros, para que vivamos siempre junto a Él y ayudemos a otros a hacer lo mismo. La pregunta es: ¿Valió la pena que Jesús se sacrificara por ti? Solo mirando honestamente tu vida podrás responder.

¡150 historias que cambiarán tu vida!

## Cita bíblica

Jesús dijo: "No hay amor más grande que dar la vida por sus amigos. Y ustedes son mis amigos, si cumplen lo que les mando" (Juan 15:13-14).

## El perdón es un don de Dios

Una de las más desconcertantes y hermosas enseñanzas de un anciano sacerdote era esta: "Dios está más cerca de los que se sienten pecadores que de los que se creen santos", decía.

Y lo explicaba así: "Desde el cielo, Dios sostiene a cada persona mediante una cuerda. Cuando pecas, cortas la cuerda. Entonces Dios repara la cuerda mediante un nudo, con lo que te acerca un poco más a él".

Con cada pecado que cometas, cortas una y otra vez la cuerda; y con cada nuevo nudo, Dios te va acercando a él progresivamente.

### Comentario

Hay acciones que matan la vida (divina) y hay acciones que dan la vida (divina); aquellas son el reino del pecado y estas son el reino de la gracia (I. Ellacuría).

El pecado, de alguna manera, despierta la acción salvadora y liberadora de Dios. Y el pecador, en cuanto en su miseria se siente necesitado del amor liberador y salvador del Padre, está, en cierta medida, más cerca de Dios que muchos que por sentirse buenos, no sienten necesidad de Dios. Como lo expresa bellamente la enseñanza del anciano sacerdote.

## Cita bíblica

"Alma mía, bendice al Señor y no olvides tantos beneficios de su mano. Él perdona tus pecados y sana tus dolencias. Él te salva de la tumba y te llena de bondad y de gracia" (Salmo 103:2-4).

## Adorar a Dios con amor

Desde el cielo Dios se asomó para ver cómo los hombres estaban honrándole sobre la tierra.

Vio a un hindú, sentado como si fuera una flor de loto, en profunda meditación, y ajeno a todos los problemas del mundo.

Dios quedó complacido, pero se preguntó: ¿Para que tanto esfuerzo sin la ayuda del Cielo?

Luego Dios vio a un sacerdote budista chino, el cual buscaba cómo conciliar el bien y el mal.

Dios se alegró, pero dijo: ¿Para que tanto esfuerzo sin la ayuda del Cielo?

Luego Dios vio a un africano primitivo de rodillas; temblaba delante de su ídolo. Dios se conmovió y dijo: ¿Para que tanto miedo?

Luego Dios vio a un musulmán. Estaba arrodillado y descalzo sobre su tapete portátil. Teniendo su frente contra el suelo, oraba, acompañando al muecín que en voz altísima dirigía la oración desde la torre.

Dios quedó emocionado, pero dijo: ¿Para que tantos ritos y sujeción?

Luego Dios vio a un rabino judío, el cual rezaba las bendiciones de Yahveh; de la frente y del brazo del rabino colgaban las tablillas de la Ley. Aquella oración le agradó a Dios, pero al final Dios dijo: ¿Para qué tantas leyes?

Entonces Dios Padre le ordenó a su Hijo: Baja Tú a la Tierra, y lleva a los hombres el Espíritu Santo, que es Espíritu de amor, ya no quiero recibir más sacrificios, porque soy Padre.

Ya no quiero el miedo porque soy Padre.

Ya no quiero la Ley, porque soy Padre. Lo que quiero es que los hombres me amen, porque todos ellos son mis hijos.

## Comentario

La verdadera religión consiste en entregar la vida y el corazón a Dios y en adorarlo en Espíritu y Verdad en agradecimiento por la salvación que ha obrado en nosotros en su Hijo Jesús.

## Cita bíblica

El cristiano "no recibe un espíritu de esclavos... sino de hijos... el cual le impulsa a decir: ¡Padre!" (Romanos 8:15).

## La grandeza del amor

Había un sacerdote tan santo que jamás pensaba mal de nadie. Un día estaba sentado en un restaurante tomando una taza de café que era todo lo que podía tomar, por ser día de ayuno y abstinencia.

Para su sorpresa, vio a un joven miembro de su congregación devorando un enorme filete en la mesa de enfrente. "Espero no haberle escandalizado Padre", dijo el joven con una sonrisa en los labios, "de ningún modo, supongo que hayas olvidado que hoy es día de ayuno y abstinencia", replicó el sacerdote. "No padre, lo he recordado perfectamente", "entonces seguramente estás enfermo y el médico te ha prohibido ayunar".

"En absoluto, no puedo estar más sano", respondió el joven. Entonces el sacerdote alzó sus ojos al cielo y dijo: "¡Qué extraordinario ejemplo nos da esta joven generación, Señor! Has visto como este joven prefiere reconocer sus pecados, antes que decir una mentira".

### Comentario

Jesús nos pide ser santos y perfectos. La perfección consiste en cambiar el corazón endurecido por el pecado por un corazón semejante al de Jesús.

### Cita bíblica

> "Como le seguían preguntando, se enderezó y dijo: Él que no tenga pecado lance la primera piedra. Se inclinó de nuevo y siguió escribiendo en el suelo.

Y todos se fueron retirando uno a uno, comenzando por los más viejos. Y dejaron a Jesús solo con la mujer que seguía en el medio. Entonces se enderezó y le dijo: Mujer: ¿dónde están? ¿Ninguno te ha condenado? Ella contestó: Ninguno, Señor. Jesús le dijo: Yo tampoco te he condenado. Vete y no vuelvas a pecar en adelante" (Juan 8:7-11).

Capítulo 5

# Perseverancia

## Con fe hay victoria

Dos vendedores fueron enviados al África a vender zapatos. Uno era muy positivo y el otro muy negativo.

Cuando llegaron al África se dieron cuenta de que al lugar donde los habían enviado, nadie usaba zapatos. El negativo telefoneó a su compañía y dijo: "Me voy de aquí porque no voy a poder vender ni un solo par de zapatos porque nadie los usa".

El positivo, sin embargo, también llamó, pero dijo: "Mándenme muchos zapatos porque tenemos un mercado fabuloso. Aquí nadie usa zapatos".

### Comentario

Jesús es el sentido de nuestras vidas, el sentido de la vida para todas las personas que han vivido, que viven y que un día vivirán. Él ha hecho posible lo imposible. Posible que creamos, confiemos y esperemos; gracias a que ha resucitado y está vivo. ¡En Cristo podemos ver la vida de una forma positiva porque con Él ya nuestra es la victoria!

### Cita bíblica

Jesús dijo: "Todo es posible para el que cree" (Marcos 9:23).

## La perseverancia todo lo alcanza

Dos ranas se cayeron en una tina de leche.

Una era optimista y la otra pesimista. Patinaban y patinaban tratando de salir de aquella tina, pero era en vano ya que resbalaban por las paredes de la tina y volvían a caer en la tina con leche.

Después de muchos esfuerzos por tratar de salir de su precaria situación la rana negativa se da por vencida y dijo: Adiós mundo cruel y se fue al fondo de la tina donde se ahogó.

La positiva lejos de darse por vencida siguió pataleando y pataleando y de pronto dio un salto y salió de la tina. De tanto patalear había convertido la leche en mantequilla.

### Comentario

¿Dónde está el secreto de la perseverancia?

En tener claro lo que se quiere, en tener claro el horizonte porque cuando las ideas se tienen claras, se llevan en la mente y el corazón.

Quien persevera alcanza, quien lucha tiene derecho a vencer, sabiendo que Cristo nos acompaña en nuestro caminar.

### Cita bíblica

Jesús dijo: "El que se mantenga firme hasta el fin se salvara" (Mateo 24:13).

## Orar y actuar

Dos niñas, estando a varias cuadras de la escuela, oyeron que sonaba la campana que anunciaba la hora de entrada a clases. Alarmadas ante la idea de llegar tarde, una de ellas dijo que iba a arrodillarse y pedirle a Dios que la ayudase a no llegar tarde.

La otra niña, con sentido más práctico, se expresó así: Si quieres arrodillarte hazlo; pero yo voy a orar mientras corro. Hay que ponerle acción a la oración.

### Comentario

No hay ninguna razón para esperar que Dios lo haga todo y nosotros nos crucemos de brazos.

Al respecto San Benito, el gran maestro de espiritualidad contemplativa dijo: "Ora y labora" ya que la santificación también consiste en el cumplimiento del deber.

### Cita bíblica

"Despierta tú que duermes, levántate de entre los muertos y la luz de Cristo brillara sobre ti" (Efesios 5:14).

## Evitar las tentaciones

Recuerdo la historia de un joven amigo que desde muy pequeño empezó a tomar licor hasta convertirse en un crónico alcohólico. Una y otra vez se había propuesto dejar de tomar, pero caía nuevamente.

Lo que ocurría era que en el camino a su trabajo estaba una cantina (bar) que significaba para Él una verdadera tentación y aunque Él no lo quisiera, terminaba en ella tomando.

Hasta que un buen día se le ocurrió la genial idea de cambiar de ruta para su trabajo y evitar pasar frente al bar, para no tomar y de hecho lo logró.

Pero cuando cumplió un año de no tomar se dijo: Ahora ya puedo pasar por ese lugar sin problema y decidió caminar nuevamente por ahí, pero cuando iba cerca sintió el terrible deseo de tomar y pensó no regresar mas sino dar un gran salto y cuando se dio cuenta de su gran salto, que ni él se lo creía cómo superó el peligro de tomar, se dijo: ¡Ah esto sí que merece celebrarlo! Y nuevamente se echó los whiskies.

### Comentario

En el transcurso de la vida es importante evitar situaciones, guardar la distancia o medir el peligro ante algo que signifique el riesgo de volver a caer, esto es, evitar la tentación, y la oferta de volver a cometer el mismo error, si no se tiene cuidado.

Al respecto Jesús nos enseña a orar así: "Y no nos dejes caer en tentación y líbranos del mal".

## Cita bíblica

"En efecto, después de haberse librado de los vicios del mundo por el conocimiento del Señor, vuelven a esos vicios y se dejan dominar por ellos; y resulta que su estado actual es peor que el primero. Más les valdría no haber conocido el camino de la vida nueva, que después de haberlo conocido, apartarse de la sana doctrina que se les enseñó. Les pasa exactamente lo que dice el proverbio: El perro se volvió a su propio vómito y el cerdo apenas lavado se revuelca en el barro (2 Pedro 2:20-22).

## Una madre que supo guiar a su hijo

Cuenta la historia de un niño de diez años que trabajaba en una factoría en Nápoles, Italia. Su mamá estaba convencida de que el niño tenía una bonita voz y que si la cultivaba podría algún día llegar a ser un gran cantante.

El primer profesor de música que tuvo el niño se desesperó tanto que un día le dijo que no gastara más dinero en clases de canto, ya que nunca llegaría a ser un buen cantante. La mamá del niño, sin embargo, no se dio por vencida. Animó a su hijo para que siguiera estudiando canto, ya que ella si creía que él tenía un gran talento escondido.

Por mucho tiempo aquella madre anduvo descalza con tal de no gastar más de lo extremadamente necesario para que el niño pudiera tener sus clases de canto.

Los esfuerzos de aquella madre pagaron con creces y su hijo, Enrique Caruso, se convirtió en uno de los tenores más famosos de todas las épocas.

## Comentario

Esta historia me hace pensar en lo siguiente:

"Meta es la fuerza que nos atrae hacia un fin. Es un ideal por el cual luchar y hacia el cual orientar todos los esfuerzos y energías de nuestra vida. La meta del cristiano es Jesús."

## Cita bíblica

"Enseña al niño el camino que debe seguir, y cuando sea viejo no se apartara de él" (Proverbios 22:6).

## El que persevera alcanza

Una vez en el Kennedy Center de la ciudad de New York un maestro violinista tocaba para una gran audiencia una preciosa melodía. Al finalizar el concierto una muchacha se acerca al virtuoso y le dice: Daría mi vida por poder tocar como usted. El músico respondió: Eso es precisamente lo que he tenido que hacer yo.

### Comentario

Pablo, el apóstol nos enseñó que no se gana ninguna competencia sin esfuerzos ni sacrificios porque, así como un atleta se somete a una sólida y rigurosa preparación también los cristianos debemos mantener esa actitud constante de lucha, de esfuerzo y sacrificio por alcanzar la gloria que un día se nos descubrirá.

### Cita bíblica

> "¿No han aprendido nada en el estadio? Muchos corren, pero uno solo gana el premio. Corran, pues, de manera que lo consigan, como los atletas que se imponen un régimen muy estricto. Solamente que ellos lo hacen por una corona de laureles

perecederos, mientras que nosotros, por una corona que no se marchita.

Así, pues, corro yo, sabiendo a dónde voy. Doy golpes, pero no en el vacío. Castigo mi cuerpo y lo someto, no sea que, después de predicar a los otros, venga a ser eliminado" (1 Corintios 9:24-27).

## Ningún esfuerzo es inútil

Dicen que un día unos indios llevaban una enorme campana a un templo en la ciudad de Calcuta. Al tratar de cruzar el río Ganges con la campana, ésta a causa de su enorme peso cayó al fondo del río. En vano fueron los esfuerzos para sacarla así que los trabajadores se dieron por vencidos.

Un anciano sacerdote que era considerado no solo un hombre de Dios sino además muy sabio le pidió al gobierno de la India autorización para sacar la campana del río pidiendo que, de sacarla se la obsequiaran para la Iglesia que estaba construyendo.

Las autoridades aceptaron la propuesta. Poco tiempo más tarde el sacerdote reúne a su comunidad y les pide a los hombres más fuertes y mejores nadadores que comiencen a llevar cañas de bambú al río y las vayan metiendo bajo la campana. Muchas fueron las cañas que pudieron colocar debajo de la campana, pero esta todavía no salía a la superficie. Después de cortar todas las cañas que pudieron encontrar y de ponerlas debajo de la campana, un joven aparece con la última caña que quedaba en toda aquella comarca. Esta caña era delgada y toda torcida, nadie tenía mucha esperanza de que esta pudiera hacer la diferencia, pero al ponerla debajo de la campana poco a poco comenzó a subir hasta la superficie del río.

## Comentario

La perseverancia alcanza. Por lo tanto, si hoy te sientes triste, sin ánimo o sin esperanza, recuerda: No te des por vencido sigue luchando, sigue perseverado en tu lucha por hacer lo que es correcto y lo que está de acuerdo con la voluntad de Dios. Un esfuerzo más, aunque parezca inútil puede ser el que Dios utilice para cambiar tu vida.

## Cita bíblica

> Jesús dijo: "sean perfectos como es perfecto el Padre de ustedes que está en los cielos" (Mateo 5:48).

## Hay que perseverar aunque cueste

Sucedió en los tiempos de la fiebre del oro, aquí en los Estados Unidos. El famoso escritor, Mark Twain invitó a unos amigos a buscar oro.

Compraron todo lo que necesitaban y se fueron a excavar. Estuvieron trabajando por algún tiempo.

Finalmente, se dieron por vencidos y regresaron a casa. Aquella noche llovió torrencialmente. A la mañana siguiente un viajero pasaba cerca del lugar donde Mark Twain y sus amigos habían excavado.

Con el resplandor del sol vio que algo en aquel lugar brillaba mucho. Se acercó y vio que era una rica veta de oro.

Fue a la ciudad y la reclamó para sí. Mark Twain más tarde escribía "Estuve solamente a unos cuantos baldes del precioso metal, pero me di por vencido".

### Comentario

¿Cuanto más vale Dios que todo el oro del mundo? Por eso, busquémoslo con afán, ya que el que busca encuentra.

### Cita bíblica

"Si perseveramos, reinaremos con Él y si le negamos, también seremos negados" (2 Timoteo 2:12).

Capítulo 6

# Oracion

## Hablar con Dios más que hablar de Dios

Había cierta vez una muchacha muy bonita que tenía dos pretendientes; uno de ellos era calladito y el otro muy extrovertido y alegre, que presumía siempre ante las demás lo hermosa que ella era, cuanto la quería, etc. A sus papas les hablaba todo el día de ella, y hasta a los desconocidos les contaba quién era el objeto de todo su amor. Todo el pueblo estaba al tanto de ella, a través de todo lo que él contaba. Por fin un día, se casó la muchacha. Pero se casó con el tímido que nunca hablaba de ella. A la salida de la iglesia le preguntaron al presumido: ¿Qué pasó? ¿No decías que...?

Es que mientras yo hablaba con ustedes de ella, aquel solo hablaba con ella, respondió.

### Comentario

Hay gente que habla mucho de Dios, pero hablan poco con Dios. Sin duda que el hablar con Dios da más resultado. San Pablo nos exhorta a ser hombres y mujeres de profunda oración ya que sería triste que después de haber predicado a Cristo, otros, a través de nuestra predica lleguen al cielo y nosotros no.

### Cita bíblica

"Vivan orando y suplicando. Oren en todo tiempo según les inspire el Espíritu. Velen en común y prosigan sus oraciones sin desanimarse nunca, intercediendo a favor de todos los hermanos" (Efesios 6:18).

# Remedio contra el aburrimiento profundo

Se dice que, en cierta ocasión, el gran compositor Haydn estaba conversando con dos amigos suyos acerca de la tristeza y la depresión moral.

Cuando me siento desanimado, decía uno, empiezo a beber, y esto me da nuevas fuerzas.

Pues yo -contestó el otro-, lo que hago es ponerme a tocar. No hay como la música para dar ánimo y alejar las penas.

Pues yo -afirmó Haydn-, cuando me siento triste, oro al Señor. Nadie como él para consolar y dar fuerzas al cansado.

## Comentario

¿Has experimentado ya en este día el poder y la bendición que proporcionan unos momentos de conversación intima, sincera, a solas con el Señor? Recuerda que es imposible vivir aparte de él, y que por el contrario en Él hay vida eterna.

"Tarde y mañana y a mediodía oraré y clamaré, y el oirá mi voz" (Salmo 55:17).

## Cita bíblica

"Estén despiertos y orando para que no caigan en tentación. El espíritu es animoso, pero la carne es débil" (Mateo 26:41).

## Es inevitable morir

Una fábula oriental relata la siguiente historia. Allá en cierto lugar de la antigua Persia, hoy el país de Irán, un señor bastante acaudalado mandó a su sirviente al mercado a hacer las compras cotidianas.

El muchacho, activo y diligente, fue a traer todo lo que su amo le había ordenado. Al entrar al mercado vio algo siniestro y horripilante, era la muerte, en esa forma fantástica en que la presentan. La muerte, al verlo, levantó sus huesudos brazos y abriendo las manos se aproximó a él. Al contemplarla, el pobre hombre se llenó de pánico. Asustado y temblando corrió donde su patrón, le relató con dificultad lo acontecido y le dijo:

"Por favor, señor, deme un caballo que sea fuerte, resistente y veloz, que ahora mismo corro para la ciudad, donde llegaré mañana al amanecer, pues necesito escapar de la muerte, de esa muerte horrible que quiere acabar con mi vida". Y se marchó.

El amo, grandemente disgustado por lo que había sucedido, se dirigió al mercado en busca de la despiadada muerte.

La encontró y furioso le hizo el reclamo: ¿Por qué estás tú, molestando a mi muchacho? Él dice que alzaste los brazos, abriste las manos y te le ibas a ir encima para destruirlo.

No, respondió la muerte, yo levanté los brazos y abrí las manos porque me sorprendí de encontrarlo aquí en el mercado, pues tengo una cita ineludible con él mañana al amanecer en la ciudad.

## Comentario

Esta fábula nos hace recordar, y debe hacernos más conscientes, que a todos nos llegará la hora en que, listos o no, tendremos que enfrentarnos a la muerte. Para los que tienen sus ojos puestos en Jesucristo, la muerte puede ser experiencia feliz que nos permitirá unirnos a Él para siempre. Tenemos una cita de la cual no podremos escapar ni aun cuando descendiéramos a las entrañas de la tierra o al fondo de los mares o fuéramos a otros planetas o escaláramos las alturas de los cielos.

## Cita bíblica

"Permanece fiel hasta la muerte y te daré la corona de la vida" (Apocalipsis 2:10).

## Dios siempre contesta nuestras oraciones

El papá le preguntó a su hijita:

¿Qué quieres que te regale el día de tu cumpleaños? Ella le dijo: Un ramo de tulipanes. Llegó el día del cumpleaños, y el papá no había ido a comprar las flores. Se acordó y salió corriendo. Pero en ninguna de las floristerías había tulipanes, pues no era la época de esas flores.

Por fin le dijeron: -Le podemos vender unos bulbos de tulipanes muy lindos, los siembra, y después de unos pocos meses usted tendrá tulipanes.

Todo estaba preparado para la fiesta de cumpleaños. La niña preguntó por sus tulipanes, y se enojó al no recibirlos. Se fue a su cuarto a llorar. Después sus padres la consolaron y le dijeron que sembrarían los bulbos y que después de un tiempo tendría preciosos tulipanes. Al fin se consoló.

Pasaron varios meses y por fin las plantas de tulipanes reventaron en flor. Eran lindísimos y la niña tuvo aún más tulipanes de los que había pedido antes.

### Comentario

¿Cuándo fue contestada la petición de la niña? ¿Cuándo recibió los tulipanes o cuando se sembraron los bulbos? Yo diría que cuando los bulbos fueron sembrados. Así es Dios con nosotros en nuestras oraciones. Si oramos en fe y con sinceridad, Él de inmediato arregla todas las cosas de tal modo que a su debido tiempo nosotros recibimos la respuesta a nuestras oraciones. Pero la contestación siempre debe ser según la voluntad de Nuestro Padre Celestial. ¡Él sabe mejor!

### Cita bíblica

Jesús dijo: "Busquen primero el Reino de Dios y su justicia y todo lo demás se les dará por añadidura" (Mateo 6:33).

## Hay poder en la oración

Cuentan que en un bosque había tres pequeños pinos que oraban todos los días pidiéndole a Dios que escuchara sus oraciones. El primero oraba con mucha fe diciendo: "Señor, yo quisiera crecer y crecer y que un día cuando sea grande vengan los labradores corten mi tronco y hagan un hermoso palacio donde vengan a visitarme los reyes y los príncipes de este mundo".

El segundo pino en su oración decía: "Señor, yo quisiera crecer y crecer y que un día cuando sea grande los labradores corten mi tronco y hagan de mi un gran barco que zarpe todos los mares del mundo".

El tercer pino, el más jovencito de los tres, también oraba con mucha fe y en su oración decía: "Señor, yo quisiera crecer y crecer pero que nunca corten mi tronco porque quisiera ser muy alto para poder siempre apuntar hacia el cielo, para poder siempre apuntar hacia Ti".

El tiempo pasó. Vinieron los labradores y cortaron el tronco del primer pino. Tiempo más tarde regresaron los labradores y cortaron el tronco del segundo pino y finalmente con el pasar del tiempo vinieron de nuevo los labradores y cortaron el tronco del tercer pino, ese que quería apuntar siempre hacia el cielo, ese que quería apuntar siempre hacia Dios.

El primer pino que quería ser un hermoso palacio nunca llegó a ser lo que él deseaba, sin embargo, su tronco fue usado para construir el pobre y pequeño pesebre de Belén donde nació el Mesías, el Rey del mundo. El segundo pino, nunca llegó a ser aquel precioso barco que zarparía los mares del mundo. Su tronco se usó para construir la pequeña barca de Pedro en la cual se sentó Jesús un día para predicar la Palabra de Salvación y Vida Eterna; palabras que han llegado a los confines de la tierra y que todavía hoy se escuchan. El tercer pino, al ser cortado se le tronchó su sueño de vivir erecto apuntando hacia el cielo, pero con su madera se hizo la cruz donde murió Jesucristo por amor a ti y a mí.

## Comentario

Las oraciones de los tres nunca fueron contestadas como ellos pensaban o deseaban, pero fueron contestadas en manera mucho más grandiosa de lo que ellos jamás pudieron imaginar.

## Cita bíblica

> Jesús dijo: "Pidan y se les dará; busquen y encontrarán; llamen a la puerta y les abrirán. Porque el que pide, recibe; el que busca encuentra, y al que llame a una puerta, le abrirán. ¿Quién de ustedes da una piedra a su hijo si le pide pan, o una culebra si le pide pescado? Si ustedes, que son malos, dan cosas buenas a sus hijos, con mayor razón el Padre que está en los cielos dará cosas buenas al que se las pida" (Mateo 7:7-11).

Capítulo 7

# Avaricia

## Piensa dónde pones tu corazón

Cierto señor muy adinerado e influyente, por cierto, para Navidad se compró un auto del año que le costó una fortuna. Su único hijo se lo pidió prestado para dar una vuelta por la gran ciudad. Sin darse cuenta, rayó el costoso carro de su papá. Este al enterarse se indignó tanto y se llenó de tanta rabia que, como una fiera salvaje, empezó a golpear cruelmente a su hijo. En el hospital al que lo llevaron le amputaron el brazo derecho como consecuencia de la cantidad de golpes que recibió de su padre.

Cuando llegó el papá a visitarlo vio a su único hijo sin su brazo. El muchacho con voz temblorosa y una sonrisa de profunda melancolía, le dice: "Papá ¿cómo podré olvidar que por haberle rayado su carro usted me ha dejado sin brazo?"

### Comentario

Nos ha tocado vivir tiempos difíciles, "vivimos en una sociedad enfermiza. El hombre de nuestros días es un hombre problematizado" decía Pablo Freire, el gran pedagogo brasileño. A menudo se repiten casos como el anterior, en un ambiente consumista y materializado cuya influencia es tremenda e impulsa a absolutizar el valor relativo de las cosas. A la persona se le ve usualmente en base a lo que tiene:

"Tanto tienes, tanto vales". Se le ve en función de sus logros y conquistas humanas; vale entonces si produce y aporta. La triste consecuencia de tal mentalidad: Más importante llegan a ser las cosas que las personas.

## Cita bíblica

"No amen al mundo ni lo que haya en el mundo. Si alguno ama al mundo, el amor del Padre no está en él" (1 Juan 2:15).

## Cuidado con la codicia

Un día recuerdo haber visto una película de Alfred Hitchcock que me llamó mucho la atención.

Una pareja discutía sobre sus problemas económicos. Después de la discusión el esposo se va a trabajar y la esposa queda en casa preocupada cómo conseguir dinero. A la puerta toca un hombre vestido de negro llevando en sus manos una pequeña caja de metal y le dice: Yo sé que usted necesita dinero, aquí le entrego esta caja. Si usted la abre encontrará en ella diez mil dólares, pero al abrirla, alguien que usted no conoce morirá.

La mujer sorprendida recibió la caja y vio cómo aquel hombre vestido de negro desaparecía. La mujer entró a su casa y por mucho tiempo debatió consigo misma si abría aquella caja o no. Finalmente, la codicia pudo más que sus propios valores morales y la abrió, en ella había diez mil dólares, grande fue el júbilo de aquella mujer. A la mañana siguiente suena el timbre de la puerta y era de nuevo el hombre vestido de negro pidiéndole la caja de metal sin el dinero. La mujer le pregunta: ¿Y ahora que yo me he quedado con el dinero qué va a hacer usted con esta caja? El hombre vestido de negro le responde: Dársela a alguien que no la conoce a usted.

### Comentario

Reflexionar el siguiente pensamiento de la Sabiduría Judía puede ayudarnos a superar tan miserable actitud de la avaricia.

Cuatro cualidades de carácter pueden tener el hombre.

-El que dice: "Lo mío es mío y lo tuyo, tuyo" tiene cualidades mediocres.

-El que dice: "Lo mío es tuyo y lo tuyo es mío", es un hombre ordinario.

-El que dice: "Lo mío es tuyo y lo tuyo, tuyo", este es un santo.

-Pero el que dice: "Lo tuyo es mío y lo mío es mío, ese es un malvado;

## Cita bíblica

"Está comprobado que la raíz de todos los males es el amor al dinero. Por entregarse a él, algunos se han extraviado lejos de la fe y se han torturado a sí mismos con un sinnúmero de tormentos. Tu hombre de Dios huye de todo eso. Busca la justicia, la piedad, la fe, el amor, la constancia, la bondad. Da el buen combate de la fe, conquista la vida eterna a la que has sido llamado y por la que hiciste tu hermosa declaración de fe en presencia de numerosos testigos" (1 Timoteo 6:10-12).

## Un mendigo millonario

Hace poco leí la noticia de un hombre en la ciudad de New York que mendigaba para su sustento. Cuando murió, la policía fue al lugar de su residencia. El apartamento se encontraba en condiciones deplorables, sucio y mal oliente; hacía un frío irresistible, ya que el lugar carecía de calefacción.

Aquel mendigo había vivido en condiciones de total carencia, sin embargo, cuando los policías levantaron el colchón lleno de hoyos sobre el cajón de madera donde dormía, encontraron un millón de dólares que el mendigo había ido guardando.

Murió de hambre un mendigo millonario.

### Comentario

¿Qué es la riqueza cuando no se piensa en Dios? Un ídolo de oro, un becerro de oro. Y lo están adorando, se postran ante él, le ofrecen sacrificios. ¡Qué sacrificios enormes se hacen ante la idolatría del dinero! No sólo sacrificios, sino iniquidades. Se paga para matar. Se paga el pecado. Y se vende. Todo se comercializa. Todo es lícito ante el dinero. (Mons. Romero)

## Cita bíblica

Jesús dijo: "No estén apegados al dinero; más bien confórmense con lo que tienen en el presente ya que Dios es el que dice: Nunca te dejaré ni te abandonaré" (Hebreos 13:5).

## Y recuerda

"Nadie puede servir a dos patrones: necesariamente odiará a uno y amará al otro, o bien cuidará al primero y despreciará al otro. Ustedes no pueden servir al mismo tiempo a Dios y al Dinero" (Mateo 6: 24).

# ¿Qué buscamos?

Había un hombre de negocios tan preocupado por los problemas de la vida, que había perdido la paz.

Una noche, sintiéndose desalentado y vencido buscó la soledad para recapacitar en su situación, y decidió remar en su lancha a la orilla del río. Allí en la margen apareció una luz extraña la cual se esfumó al acercársele. Siguió remando y de trecho en trecho se volvía a ver la luz, siempre un poco más allá, para desaparecer en seguida.

"Fuegos fatuos" pensó él. Esto es lo que he estado persiguiendo durante mi vida -siempre en busca de la felicidad y la paz, sin alcanzarlas jamás.

## Comentario

Equivocadamente los seres humanos estamos habituados a medir la felicidad en proporción a los bienes materiales que se posean. Sí, es cierto que cuanto mayor número de posesiones se tengan, es también mayor la oportunidad que se tiene de satisfacer los deseos materiales; pero también es cierto que hay algunos deseos y necesidades en el corazón del ser humano que no se pueden comprar con todo el dinero del mundo. ¿Se puede comprar con dinero la salud, la verdadera felicidad del hogar, la verdadera amistad, el evitar tener problemas?

## Cita bíblica

"Más vale tener un poco y temer a Yavé que guardar tesoros y no tener paz" (Proverbios 15:16).

## Y recuerda

Jesús dijo: "No atesoren tesoros en la tierra donde la polilla y el gusano los echan a perder y donde los ladrones rompen el muro y roban. Acumulen tesoros en el cielo donde ni la polilla ni el gusano los echan a perder, ni hay ladrones para romper el muro y robar" (Mateo 6:19-20).

## Dioses falsos

En un periódico apareció la historia de dos hermanas ancianas que habían muerto en un apartamento frío y vacío, sin alimento ni atención médica. No obstante, cuando las autoridades entraron en sus cuartos encontraron $50,000 dólares metidos en un cojín. Estas pobres mujeres se habían privado de las cosas necesarias de la vida, para no tener que separarse de su dios el dinero.

### Comentario

Aunque no queramos admitirlo, cualquier cosa que toma el primer lugar en nuestra vida, es un dios para nosotros. Hay muchos dioses falsos hoy día. Aunque no los llamemos ídolos los hacemos nuestros dioses. Sean la popularidad, la codicia, la conformidad, el dinero, las posesiones, el alcohol, etc.

### Cita bíblica

"¿De qué sirve el dinero en manos de un tonto? Como es tonto no comprará la sabiduría" (Proverbios 17:16).

## Monumento a la codicia

El primer cuerpo desenterrado cuando los excavadores empezaron a trabajar en las ruinas de la antigua ciudad de Pompeya fue el de un hombre que amasaba fuertemente un puñado de monedas de oro en la mano. Se cree que sucedió lo siguiente: Después que el terremoto azotó la ciudad, este hombre estaba ocupado saqueando a las víctimas. Repentinamente, sin previo aviso, el Vesubio cubrió las ruinas con gases mortíferos y lava ardiente.

El hombre murió, y su cuerpo quedó conservado bajo siete metros de cenizas, con las monedas todavía en la mano.

### Comentario

Es típico de todos aquellos que se encuentran preocupados en amontonar ganancias materiales, honradamente o no, que en su carrera desenfrenada no observan las señales del fin que se avecina.

### Cita bíblica

> Jesús dijo: "Ningún servidor puede quedarse con dos patrones, porque verá con malos ojos al primero y amará al otro, o bien preferirá al primero y no le gustará el segundo. Ustedes no pueden servir al mismo tiempo a Dios y al dinero" (Mateo 6: 24).

## Un domingo, en el sermón, el sacerdote dijo: "lo que tenemos ahora no lo tendremos siempre"

Un joven seminarista recién ordenado sacerdote, fue llamado a pastorear una iglesia. En ella había un miembro rico. Tenía una fábrica de tejidos, pero, aunque era rico, el domingo en el culto daba sólo un dólar. Eso era todo. El joven sacerdote empezó a predicar sobre la mayordomía y nuestra responsabilidad para con Dios y acerca de la situación económica de la obra del Señor aquí en la tierra. Pero el hombre rico seguía dando sólo un dólar.

Todo lo que usted tiene no es suyo; usted no tiene nada. Esto hizo enojarse al hombre rico. Después del culto llamó al padre aparte y le pidió tener una entrevista con él. Ambos se reunieron a las dos de la tarde en el templo. El hombre rico llegó en su lujoso automóvil y llevó al padre a su mansión y le dijo:

¿Ve esa linda casa? Es mía. No debo ni un centavo por ella. Está completamente pagada. Aquí tengo la escritura.

Después le llevó a su fábrica de tejidos y le dijo:

¿Ve todo esto? Pues es mío y no debo nada por ello.

Luego le llevó al campo y le mostró una hermosa huerta de árboles frutales. También todo esto es mío. Entonces, ¿por qué dijo usted esta mañana desde el púlpito que yo no era dueño de nada?

El joven sacerdote le escuchó. Cuando volvieron al templo, el padre le dijo: ¿Le puedo pedir algo? ¿Puedo tener otra entrevista con usted?

El hombre respondió: Claro que sí. A la misma hora y en el mismo lugar el próximo domingo. Pero el sacerdote humildemente le dijo: No, hagamos una cita aquí en el templo un domingo a las dos de la tarde de aquí a doscientos años. Entonces el hombre rico comprendió la lección.

## Comentario

¡Oh futilidad de la vida! Todo es vanidad de vanidades, nos dice el Eclesiastés y el evangelio de Jesús nos dice: ¿De qué le sirve al hombre ganar el mundo entero si al final pierde su alma?

## Cita bíblica

> Jesús dijo: "No junten tesoros y reservas aquí en la tierra, donde la polilla y el óxido hacen estragos y donde los ladrones rompen el muro y roban. Junten tesoros y reservas en el Cielo, donde no hay polilla ni óxido para hacer estragos, y donde no hay ladrones para romper el muro y robar. Pues donde está tu tesoro, allí estará también tu corazón" (Mateo 6:19-21).

# El antídoto contra la Tacañería: Dar

Dicen que una vez una señora de la alta sociedad estaba dando una fiesta en su casa con el propósito de recaudar fondos para ayudar a los más necesitados.

Uno de los invitados, un hombre muy acaudalado dijo que no podía dar nada porque estaba pasando por una necesidad económica muy grande. La dueña de casa tomó el canasto y se lo extendió diciendo: Tome usted lo que necesite de este canasto ya que para las personas necesitadas es que hemos hecho esta colecta.

El hombre se puso rojo de vergüenza al darse cuenta del extremo al que había llegado su tacañería.

## Comentario

Hay personas que aspiran al bienestar y ponen su meta de felicidad en el placer. Disfrutar al máximo y padecer lo mínimo. Adoctrinados por la sociedad de consumo, otros, entienden que la verdadera satisfacción de vida está en no carecer de nada y vivir en la abundancia.

Resultado de esta mentalidad es vivir un estilo de vida suave con sensaciones placenteras que no conlleva compromisos ni complicaciones, el objeto de su vivir feliz pero que tristemente el hombre se cierra a Dios y al prójimo y vive como un ser egoísta y solitario.

## Cita bíblica

Jesús dijo: "Den y se les dará, recibirán una medida bien llena, apretada y rebosante; porque con la medida que ustedes midan serán medidos" (Lucas 6:38).

## Orgullo

Una trampa que el demonio usa con gran éxito en su afán de echar a perder algún proyecto que valga la pena, es el perturbar con orgullo a quienes les concierne el proyecto.

Esto es tan perjudicial porque al infectar a uno o dos de ellos, puede aniquilar a la más prometedora empresa del bien.

Además, con típico engaño esta clase de orgullo muerto lleva a derribar a personas nobles y a arruinar el bien que se pudiera hacer; en nombre de la virtud, como lo dijo el poeta Coleridge: "El demonio sonrió burlonamente de su refinada maldad".

### Comentario

Este vicio traicionero a menudo aparece con apariencia inofensiva y se manifiesta bajo muchos disfraces, por eso debemos estar alerta para que no sucumbamos en él.

Podemos evitar mejor los peligros del orgullo concentrando nuestras mentes y corazones en la práctica de la verdadera humildad, la cual está arraigada en el saber que todo lo que somos y todo lo que tenemos proviene de Dios. "Sin mí no pueden hacer nada", dijo Jesús (Lucas 15:5).

### Cita bíblica

El orgullo conduce a la ruina, el espíritu altanero procede de la caída" (Proverbios 16:18).

Capítulo 8

# Matrimonio

## El matrimonio de los pingüinos

La pingüina hembra enamora al macho coqueteándole con sus movimientos. El macho la conquista haciéndole el hogar donde pretende llevarla a vivir. Cuando la pingüina llega, prueba el nido, y si le gusta y se siente cómoda, se aparea con el macho. Si no, lo deja.

No es hasta después de darse cuenta de que pueden vivir felices, que se aparean.

### Comentario

Estos animales tienen el instinto de que la unión es para ser felices; de otra manera, no aceptan la convivencia. En ciertos seres humanos sucede, al contrario; primero se unen sexualmente y después comienzan a ver si son capaces de hacerse felices el uno al otro. Hay veces que hasta las bestias hacen las cosas mejor que nosotros.

### Cita bíblica

"Por eso el hombre deja a sus padres para unirse a una mujer, y formar con ella un solo ser" (Génesis 2:24).

## Amor mutuo

El novio del cantar de los cantares asemeja a la amada a los ojos de la paloma ¿Por qué? ¿Qué tienen de particular los ojos de las palomas? Son de un solo enfoque: Es decir, la paloma sólo mira un punto al mismo tiempo.

Mientras el ojo humano es multifocal, porque puede observar varios objetos a la vez, la paloma concentra su mirada en un objeto.

### Comentario

En el contexto del cantar, quiere decir que sólo la amada tiene ojos para su amado. Por otro lado, cuando una paloma queda viuda, no vuelve a aparearse con ningún otro palomo. La paloma es símbolo de fidelidad. La paloma es símbolo del Espíritu Santo. La paloma es símbolo de Dios que ama a su pueblo.

### Cita bíblica

> ¡Oh, mi amor, qué bella eres, ¡qué bella eres con esos ojos de paloma! Mi amado empieza a hablar y me dice: Levántate compañera mía, hermosa mía y ven por acá paloma mía. Acaba de pasar el invierno, y las lluvias ya han cesado y se han ido. Han aparecido las flores en la tierra, ha llegado el tiempo de las canciones, se oye el arrullo de la tórtola en nuestra tierra. Las higueras echan sus brotes y las viñas nuevas exhalan su olor. Levántate, amada mía, hermosa mía y ven.

Paloma mía, que te escondes en las grietas de las rocas, en apartados discos muéstranos tu rostro, déjame oír tu voz, porque tu voz es dulce y amoroso tu semblante. Mi amado es para mí, y yo para mi amado (Cantar de los cantares: 1:15, 2:10-14 y 16).

## El secreto de la buena convivencia

A cierta ciudad llegó un hombre vendiendo una famosa "agua mágica de Jerusalén". Compraron todas las esposas provenientes de hogares en decadencia y que tenían problemas con el esposo.

La fórmula era la siguiente: Señora cuando su esposo llegue de malas pulgas, gritando, insultando etc. Usted échese un trago de agua mágica a la boca y manténgalo ahí hasta que deje de molestar. Cuidado no se la trague que se envenena. De hecho, funcionó con resultados extraordinarios. Los problemas familiares cesaron y los matrimonios de nuevo convivieron armoniosamente.

Entonces el sacerdote de la parroquia le pregunta: Amigo ¿dónde consiguió usted esa agua mágica de Jerusalén tan buena? A lo que el mago respondió: A usted padre le diré la verdad. El agua ni es mágica ni es de Jerusalén. Es del chorro de una manguera, pero el secreto es que mientras el esposo insulta y pelea, la esposa se llena la boca con el trago de agua y así no puede hablar ni pelear, porque para pelear se necesitan dos.

### Comentario

El matrimonio es un proyecto de vida para ser feliz haciendo feliz a otra persona. Este es el designio divino. Vivir juntos y felices y amarse con amor fiel y eterno hasta que la muerte los separe.

## Cita bíblica

"En efecto, el marido es cabeza de su esposa, como Cristo es cabeza de la Iglesia, cuerpo suyo del cual es asimismo Salvador. Y así como la Iglesia se somete a Cristo, así también la esposa debe someterse en todo a su marido.

Maridos amen a sus esposas como Cristo amó a su Iglesia y se entregó asimismo por ella. Quería que esta esposa suya fuera santa y por eso la limpió junto con el bautismo y la Palabra Santa. Deseaba presentársela asimismo muy gloriosa, sin mancha ni arruga, ni nada parecido sino santa e inmaculada.

Del mismo modo los maridos deben amar a sus esposas como aman a sus propios cuerpos. Amar a su esposa ¿no es amarse asimismo? Y nadie jamás ha aborrecido su cuerpo, al contrario, lo alimenta y lo cuida. Eso es justamente lo que Cristo hace por la Iglesia, pues nosotros somos parte de su cuerpo. Es lo que dice la Escritura: El hombre dejará a su padre y a su madre para unirse con su esposa y los dos no formarán sino un ser. Este misterio es muy grande y yo lo refiero a Cristo y a la Iglesia.

En resumen, que cada uno de ustedes ame a su esposa como a si mismo y que la esposa respete a su marido" (Efesios 5:23-33).

## ¡Yo estoy casado con tu hermana!

Un señor que llegaba borracho todas las noches a su casa. Su esposa se ponía siempre muy enojada, y con razón. Un día se le ocurrió asustarlo.

Le pidió a un vecino que se disfrazara de Satanás y se pusiera detrás de una de las tumbas del cementerio por donde el borrachito tenía que pasar para llegar a su casa.

¡Boo!, dijo el hombre vestido de Satanás. "Yo soy Satanás" El borrachito se quedó mirando a aquella figura sorprendidísimo. De pronto le dice: "CHÓCALA". Pero... ¿cómo que chócala? ¿No te das cuenta de que soy Satanás? Por eso mismo. ¿No te das cuenta de que estoy casado con tu hermana?

### Comentario

Desafortunadamente hoy día muchas parejas experimentan el cansancio, la falta de respeto y el desamor en su relación.

Se olvidan de que Dios no sólo desea que se amen, pero les da la gracia para poder hacerlo.

## Cita bíblica

Jesús respondió: "¿No han leído que el Creador en el principio, los hizo hombre y mujer y dijo: El hombre dejará a su padre y a su madre, y se unirá con su mujer, y serán los dos uno solo? De manera que ya no son dos sino uno solo. Pues bien, lo que Dios ha unido, no lo separe el "hombre" (Mateo 19:4-6).

## Casos y cosas de casa

Una señora que oraba con fervor delante de un crucifijo dijo: "Señor cambia a mi esposo". Una amiga que escuchó se acerca y le dice:

Qué bueno, que, a pesar de todo, le estés pidiendo a Dios que te haga mejor a tu esposo; a lo que la señora respondió: No le estoy pidiendo que lo haga mejor, sino que me lo cambie por otro.

### Comentario

El matrimonio es idea del corazón de Dios y de su proyecto divino sobre el hombre. No es bueno que esté sólo ¡vamos a hacerle una compañera que se parezca a él nos dice el libro del Génesis! El hombre y la mujer entonces fueron creados para la comunión y la felicidad sagrada mediante el matrimonio que deben vivirlo según la voluntad del Creador.

### Cita bíblica

> "Sométanse unos a otros por consideración a Cristo. Que las esposas se sometan a sus maridos como al Señor. En efecto, el marido es cabeza de su esposa, como Cristo es cabeza de la Iglesia, cuerpo suyo, del cual es asimismo Salvador. Y así como la Iglesia se somete a Cristo, así también la esposa debe someterse en todo a su marido. Maridos, amen a sus esposas como Cristo amó a la Iglesia y se entregó a sí mismo por ella" (Efesios 5:21-25).

## El padre debe colaborar una joven mamá cuenta su experiencia

Recuerdo como si fuera hoy, los primeros años felices en nuestro hogar. Habíamos experimentado la alegría y dicha del recibimiento del primer fruto: Una hermosa niñita. Le celebramos su primer añito de vida con una fiestecita y la clásica piñata... pero ya venía en camino un segundo retoño.

Al nacer mi segunda hijita, llegó nuevamente mi madre para ayudarme con la recién nacida y con su hermanita, que ya tenía catorce meses de edad.

Cierto día las dos niñas estaba mojadas y molestas, y mi marido comentó "En momentos como éstos pienso que Dios debió dar a las madres cuatro brazos, pues verdaderamente el cuidado de los bebés es problemático.

-Se los dio- respondió mi madre sonriendo-, sólo que dos de ellos los tiene el padre, para compartir estos "momentos".

### Comentario

Una de las cualidades del matrimonio es la fidelidad como don recíproco del amor entre esposos que se manifiesta en pequeñas cosas, de allí, que cada uno hará lo que más pueda para ayudarlo a crecer, a ser mejor dando lo mejor de sí mismo, especialmente para bien de los hijos.

### Cita bíblica

"Maridos, amen a sus esposas como Cristo amó a la Iglesia y se entregó a sí mismo por ella.

Así deben los maridos amar a sus esposas como aman a sus propios cuerpos: Amar a la esposa es amarse a sí mismo y nadie aborrece su cuerpo, al contrario, lo alimenta y lo cuida y eso es justamente lo que Cristo hace por la Iglesia" (Efesios 5:25 y 27-29).

Capítulo 9

# Relación con Dios

## Escuchar a Dios

En un diálogo entre Juana de Arco y el Rey de Francia; el monarca pregunta:

"¿Por qué las voces del cielo te llegan a ti que eres una ignorante campesina y no a ti"?

"A tus oídos también llegan las voces del cielo, pero es que no haces silencio para escucharlas ni dedicas tiempo para meditarlas por eso no alcanzan a llegar a tu alma" respondió la Santa.

### Comentario

En un mundo tan convulsionado y lleno de tantos ruidos externos, es difícil hacer silencio. Como difícil es apartar lugar y tiempo para la meditación, la reflexión y la contemplación. Solamente cuando hay silencio y capacidad se escucha, sólo entonces estaremos listos para tener una experiencia íntima con el Señor.

### Cita bíblica

"Entonces se le dijo: Sal fuera y permanece en el monte esperando a Yavé, pues Yavé va a pasar. Vino primero un huracán tan violento que hendía los cerros y quebraba las rocas delante de Yavé. Pero Yavé no estaba en el huracán. Después hubo un terremoto, pero Yavé no estaba en el terremoto. Después brilló un rayo, pero Yavé no estaba en el rayo. Y después del rayo se sintió el murmullo de una suave brisa. Elías al oírlo se tapó la cara con su mano, salió de la cueva y se paró a su entrada. Y nuevamente se le preguntó: ¿Qué haces aquí Elías" (1 Reyes 19:11-13)?

## ¿Dios cuenta en mi vida?

Dicen que una vez un muchacho estaba lleno de inquietudes sobre su fe. Pensaba que estaba vacío y que nada ni nadie lo llenaba. Un día fue a ver a un sacerdote muy sabio y le explicó lo que le pasaba.

El sacerdote lo llevó a una playa cercana. Cuando estaban dentro del agua, el sacerdote, que era también muy fuerte, tomó la cabeza del muchacho y lo sumergió. El muchacho trataba de zafarse, pero no podía.

Finalmente, el sacerdote dejó que el muchacho levantara su cabeza:

¿Por qué me ha hecho esto? Cuando desees a Dios como el aire que deseabas, entonces, lo encontrarás.

### Comentario

"La fe es exponer la vida ante lo invisible, es decir, lo nunca visto. Es apoyarse en Dios para "creer". Para hacer nacer lo que no existe aún, lo inaudito, lo inverosímil, lo loco, a veces". (G. Bessiere)

Creer significa adhesión no a un sistema abstracto de verdades, sino a una persona. Es conocer personalmente a Dios vivo, ¡irse de aventura con El! (Manifiesto juvenil).

### Cita bíblica

Jesús dijo: "El Reino de los Cielos es semejante a un comerciante que busca perlas finas. Si llega a sus manos una perla de gran valor, vende cuanto tiene, y la compra" (Mateo 13:45-46).

## El hombre siembra, Dios hace crecer

Una mujer soñó que entraba en una tienda recién inaugurada en la plaza de mercado y para su sorpresa, descubrió que Dios se encontraba tras el mostrador.

¿Qué vendes aquí? Le preguntó a Dios. "Todo lo que tu corazón desee", le respondió. Sin poder creer lo que estaba oyendo, la mujer se decidió pedir lo mejor que un ser humano podía desear. "Deseo paz de espíritu, amor, felicidad, sabiduría y ausencia de todo temor," dijo la mujer. Dios se sonrió y dijo: "Creo que no me has comprendido querida, aquí no vendemos frutos, únicamente semillas".

### Comentario

El hombre es un proyecto inacabado y como tal está llamado a hacerse y realizarse continuamente como hijo de Dios. Es por eso que Dios nos invita a ser verdaderamente suyos, dándonos su Palabra y sus sacramentos a través de la Iglesia.

### Cita bíblica

> "¿Cómo podríamos atribuirnos algo a nosotros mismos? Nuestra capacidad nos viene de Dios. El mismo Dios"que dijo: "Brille la luz en medio de las tinieblas es el que hizo brillar la luz en nuestros corazones, para que irradie y dé a conocer la Gloria de Dios, como brilla en el rostro de Cristo" (2 Corintios 3:5-6; 4:6).

## Orar es desear estar con Dios

Se cuenta que un hombre que estaba muy enfermo pidió hablar con un sacerdote porque estaba preocupado de que iba a morir y no sabía cómo orar.

El Sacerdote le dio un sabio consejo diciéndole: Orar más que cualquier otra cosa es el deseo de estar con Dios y prosiguió dándole un método muy sencillo de oración, le dijo: "Ponga una silla al lado de su cama y cuando usted no tenga palabras para decirle al Señor, extienda su mano sobre esa silla y sienta que Jesús está sentado en la silla y toma su mano en las suyas, eso es todo lo que tiene que hacer".

Al día siguiente la hija del enfermo llama al sacerdote para decirle que su padre había muerto. El sacerdote pregunta a la hija si su padre había dicho algo antes de morir. "No respondió la hija, pero algo extraño sucedió antes de morir papá. Puso su mano sobre la silla que está al lado de su cama, sonrió y expiró".

### Comentario

Jesús enseñó que es preciso orar en todo momento sin desfallecer para no caer en tentación y que la oración escuchada es la que sale del corazón y es sincera, no la mejor pronunciada.

## Cita bíblica

"Además el espíritu nos viene a socorrer en nuestra debilidad, porque no sabemos pedir como nos conviene. Pero el Espíritu mismo intercede por nosotros con gemidos que no se pueden expresar" (Romanos 8:26).

# El don de la libertad

En las majestuosas montañas de Guatemala hay un ave portentosa llamada Quetzal.

Su cuerpo es pequeño, algo más grande que el de una paloma. Su plumaje es precioso; escarlata, verde, dorado, y una cola excepcional de cuando menos tres pies de largo.

Es un ave muy singular y virtuosa. ¿Cuál es la virtud de ese pájaro maravilloso? Ah, es que no puede vivir prisionero; nació para ser libre.

Cuando el quetzal es enjaulado, a las dos o tres horas está muerto; muere de tristeza, al verse cautivo, pues es privado de su vida que es la libertad. Por eso el quetzal es llamado el ave libre, y se toma como símbolo o emblema de la libertad.

## Comentario

El hombre fue hecho para ser libre. Pero la prisión del pecado le roba la vida. Jesucristo es el gran Libertador de todos los cautivos. Solo Jesús nos puede devolver la libertad para la que fuimos creados.

## Cita bíblica

> "Nuestra vocación hermanos es la libertad. No hablo de esa libertad que encubre los deseos de la carne sino del amor por el cual nos hacemos esclavos unos de otros.
>
> Por eso caminen según el espíritu y así no realizarán los deseos de la carne. Pues los que pertenecen a Cristo Jesús han

crucificado la carne con sus impulsos y deseos. Si ahora vivimos según el espíritu dejémonos guiar por el Espíritu" (Gálatas 5:13, 16 y 24-25).

Capítulo 10

# Perdón

## El amor todo lo perdona

Vivió en la perdición, y después de transitar por muchos caminos sin que ninguno lo llevara a meta alguna, pensó regresar a la casa paterna.

Sin embargo, tenía miedo de no ser recibido ni obtener el perdón de sus padres. Entonces decidió prevenir a su padre con una carta: "Quiero regresar, pero temo no ser recibido. Si así sucediera, prefiero no volver. Así pues, el próximo domingo pasaré por enfrente de la casa. Si ustedes están dispuestos a recibirme, pongan un pañuelo blanco en el árbol que está afuera, en señal de que me perdonan. Si no veo ese pañuelo ni siquiera intentaré entrar".

Por fin llegó el domingo. El joven, nervioso, tomó el autobús que pasaba frente a su casa, cuando ya se acercaba temiendo lo peor y no queriendo caer en una decepción cerró los ojos y se agachó, escondiendo su rostro entre las manos.

Entonces preguntó al pasajero que iba sentado junto a la ventada: ¿Ya llegamos a la esquina? Si.

¿Ve usted una casa verde con una puerta de madera? Si. ¿Ve un roble grande? Si

¿Tiene algún pañuelito blanco en alguna de las ramas? La otra persona no respondió y el corazón del joven parecía desfallecer. El autobús ya continuaba su camino el joven repitió con angustia: Por favor, fíjese bien si hay un pañuelo blanco... Pues más bien parece que todo el mundo salió a tender sus sábanas en ese árbol. Casi ni se ve el árbol de tanta sábana blanca.

## Comentario

Así es el amor de Dios. Cuando nos arrepentimos no solo nos perdona, sino que se olvida de nuestro pecado.

## Cita bíblica

> Hablando del hijo pródigo, Jesús dijo: "Y entrando en sí mismo, el joven se puso a reflexionar: ¿Cuántos trabajadores de mi padre tienen pan de sobra y yo aquí me muero de hambre? Iré y me levantaré y volveré a mi padre y le diré: Padre he pecado contra Dios y contra ti, ya no merezco ser llamado hijo tuyo, trátame como a uno de tus siervos. Partió pues de vuelta donde su padre. Cuando todavía estaba lejos, su padre lo vio y sintió compasión, corrió a echarse a su cuello y lo abrazó. Entonces el hijo le habló: padre pequé contra Dios y contra ti, ya no merezco llamarme hijo tuyo. Pero el padre dijo a sus servidores: Rápido tráiganle la mejor ropa y póngasela, colóquenle un anillo en el dedo y zapatos en los pies. Traigan el ternero más gordo y mátenlo comamos y alegrémonos porque este hijo mío estaba muerto y ha vuelto a la vida, estaba perdido y lo he encontrado. Y se pusieron a celebrar la fiesta (Lucas 15:17-24).

# El perdón sana

Hace poco estaba viendo en televisión la historia del gran líder hindú Mahatma Gandi. Nunca se hizo cristiano, mas respetaba y admiraba entrañablemente a Jesucristo. Tanto así que muchas de las enseñanzas de Gandi están directamente relacionadas con las enseñanzas de Jesús.

Un día Gandi estaba en huelga de hambre porque seguían las discordias entre los musulmanes, los ingleses y los hindúes en su país. Casi muriendo de hambre, los líderes hindúes y otros vinieron a pedirle que comiera algo que las divisiones iban a cesar.

En eso viene un hindú, se tira al suelo ante él y le dice: Hace poco mataron a mi único hijo. Gandi con su rostro lleno de paz le dice: Ve y busca a un niño musulmán y críalo como si fuera tu hijo. El hombre al principio no quería aceptar, pero después accedió. Cuando estaba por irse, Gandi le dijo: Otra cosa más te pido: Que ese niño que va a ser tu hijo, lo críes no como hindú, sino como musulmán. Al principio el hombre no quería aceptar, pero después se acercó para abrazarlo y comenzó a llorar.

## Comentario

Sólo perdonándonos y perdonándonos de corazón es que vamos a hacer de este mundo uno mejor. Sólo amándonos y amándonos de corazón es que vamos a lograr cambiar este mundo para el Señor.

## Cita bíblica

"Arranquen de raíz entre ustedes los disgustos, los arrebatos, el enojo, los gritos, las ofensas y toda clase de maldad. Por el contrario, muéstrense buenos y comprensivos unos con otros, perdonándose mutuamente, como Dios los perdonó en Cristo" (Efesios 4:31-32).

## El perdón es posible

Cuentan que en una tarde de verano un niñito regresaba a su hogar de la piscina donde había estado nadando.

Iba en su bicicleta, y un automóvil, que corría a mucha velocidad, le pegó, causándole lesiones graves. Fue llevado rápidamente al hospital y se le avisó a la familia. Los padres esperaron en la puerta de la sala de emergencia. Pasaron varios minutos. Luego salió un médico vestido de blanco y les anunció que el niño había muerto. El padre y la madre temblaban como una hoja en la tempestad. Parecía que era más de lo que podían soportar.

Unos cuantos días después del funeral se llevó a cabo el juicio del culpable. En medio de la escena dramática del juzgado, el padre del niño se encaminó a través del cuarto hacia el hombre que había matado a su hijo con el automóvil. El padre extendió su mano y dijo: "Quiero que sepa que no lo odio, que lo he perdonado en mi corazón". El encabezado del periódico decía, al día siguiente: "Un padre perdona al hombre que mató a su Hijo".

### Comentario

Son muchas las veces en que nos han herido tanto que se nos hace imposible perdonar. Sólo imitando a Jesús quién perdonó a los que le crucificaban, podremos hacerlo.

## Cita bíblica

"No devuelvan a nadie mal por mal; procuren ganarse el aprecio de todos los hombres. Hagan todo lo posible, en cuanto de ustedes dependa, para vivir en paz con todos. No se hagan justicia por ustedes mismos, queridos hermanos, dejen que Dios sea el que castigue; ya la Escritura lo dice: "Yo castigaré, yo daré lo que corresponde, dice el Señor" y añade: "Si tu enemigo tiene hambre, dale de comer; si tiene sed, dale de beber; haciendo eso amontonarás brasas sobre su cabeza. No te dejes vencer por lo malo, más bien vence el mal a fuerza de bien" (Romanos 12:17-21).

## Perdonar al enemigo

Abraham Lincoln, el gran enemigo de la esclavitud, era famoso por la nobleza de sus sentimientos y por su amor al prójimo.

Una vez cierta persona le hizo un reproche porque había perdonado a un enemigo. Lincoln le contestó: Creo que usted tiene razón. Nuestra misión es deshacernos de nuestros enemigos. Muy bien, yo me he deshecho de este enemigo, transformándolo en mi amigo, mediante el poder del perdón.

### Comentario

La Biblia dice que, si perdonamos a los hombres sus faltas, también nuestro Padre celestial nos perdonará y si no perdonamos entonces tampoco nuestro Padre nos perdonará a nosotros. Perdonar entonces, es una exigencia del amor y un mandato divino.

### Cita bíblica

"Sean unos con otros bondadosos, compasivos, perdonándose mutuamente, como Dios los perdonó en Cristo" (Efesios 4:32).

## Perdonar aunque cueste

Cuentan que un grupo de soldados nazis, dirigidos por un capitán de escuadrón violó y mató a todos los miembros de una familia judía. Sólo una muchacha pudo escapar y pudo llegar a un hospital de la Cruz Roja. Allí se preparó y llegó a ser enfermera. El tiempo pasó, y un día le trajeron a un hombre un herido... ¡Ella lo reconoció inmediatamente! Era el capitán malvado.

En vez de hacerle daño, tomó más esmero en cuidarlo. ¿Cuándo él preguntó, por qué? Ella sólo le respondió: Porque soy cristiana.

### Comentario

La actitud de esta santa mujer es un claro ejemplo de perdón y amor. Al respecto San Pablo dijo que habrá un juicio sin misericordia para quien no practicó misericordia.

### Cita bíblica

"Se dijo, además: Ojo por ojo y diente por diente" (Mateo 5:38).

"Se dijo, asimismo: Ama a tu prójimo y guarda rencor a tu enemigo".

Jesús por su parte propuso: "Amen a sus enemigos y recen por sus perseguidores" (Mateo 43-44).

Capítulo 11

# Dadiva

## Dar sin medidas

Dicen que una vez una señora le preguntaba a un sacerdote: Explíqueme padre: ¿Qué quiere decir usted cuando habla de completa entrega o rendimiento a Jesús?

El sacerdote contestó: Es como firmar un papel en blanco para que Jesús ponga en él lo que desea que usted haga.

### Comentario

La Virgen María es una persona muy especial para nosotros los cristianos ya que nos enseña a rendirnos completamente a Dios para que en nosotros también se haga su voluntad.

### Cita bíblica

Pero el Ángel le dijo: "No temas María porque has encontrado el favor de Dios". María entonces dijo al Ángel: ¿Cómo podré ser madre si no tengo relación con ningún hombre? Contestó el Ángel: "El Espíritu Santo descenderá sobre ti y el poder del Altísimo te cubrirá "on su sombra". "Dijo María: "Yo soy la esclava del Señor que se haga en mí lo que has dicho". Después de estas palabras el Ángel se retiró (Lucas 1:30, 34-35 y 38).

## Hay que sembrar en abundancia

Tagore el gran poeta indio, cuenta la siguiente ilustración: En cierta ocasión un mendigo que iba por un camino vio acercarse hacia él una lujosa carroza. Esta se detuvo a su altura por lo que pensó inmediatamente que obtendría de sus acaudalados ocupantes una buena limosna.

Su sorpresa fue cuando vio bajar de ella un rico personaje vestido con lujosas ropas, el cual, en vez de ofrecerle una buena cantidad de dinero, por lo contrario, alargaba su mano demandando de él una limosna.

Este mendigo sin salir de su asombro introdujo su mano en su talega y, sacando unos pocos granos de trigo, se los ofreció a aquel extraño personaje, alegando que no podía darle más, ya que era muy poco el alimento que llevaba para él mismo. Ambos personajes continuaron de nuevo sus respectivos caminos.

Cuando nuestro personaje llegó a su vieja choza y vació la bolsa llena de granos de trigo sobre la vieja mesa, con gran sorpresa pudo observar que entre los granos de trigo había una pequeña cantidad de granos de oro igual a la cantidad de granos de trigo que había dado a aquel rico señor de la carroza. Entonces dijo" así mismo: "Necio de mí, ¿por qué no di todos mis granos de trigo?

### Comentario

Jesús no sólo promete que el dar es una bienaventuranza, sino que el creyente que aprende a dar a los demás recibirá el ciento por uno en bendiciones del Señor. Por lo tanto, demos sin miedo, no importa que tengamos poco. Demos y el Señor nos dará.

### Cita bíblica

"Den, y se les dará; recibirá una medida bien llena, apretada y rebosante; porque con la media que ustedes midan, eran medidos" (Lucas 6:38).

## Se puede reducir el diezmo

Se cuenta de un joven que un día se arrodilló ante el altar y se comprometió ante Dios a dar su diezmo en la iglesia. Durante su primera semana de trabajo su salario fue de diez dólares y él dio su diezmo, un dólar. A medida que fue avanzando en edad él prosperó, y entonces su diezmo era de siete dólares por semana. Al trasladarse a otra ciudad, en poco tiempo su diezmo llegó a ser de cien dólares, y aún después, de doscientos dólares. Entonces le envió un cablegrama al sacerdote de la Iglesia donde había hecho el compromiso, invitándolo a que le visitara.

El sacerdote se hizo presente en la casa del hombre. Conversaron animadamente acerca de los tiempos pasados. Finalmente, el hombre abordó el asunto: ¿Recuerda la promesa que hice hace algunos años, de dar mi diezmo? ¿Cómo me puedo liberar de esa promesa?

¿Por qué deseas romper tu compromiso? Es como esto -contestó el hombre-. Cuando yo hice la promesa, tenía que dar sólo un dólar, pero ahora son doscientos dólares. No puedo darme el lujo de tirar tanto dinero así.

El viejo sacerdote lo miró y le dijo:

Temo que no se pueda librar de la promesa, pero hay algo que usted sí puede hacer. Podemos arrodillarnos aquí mismo y pedirle a Dios que reduzca las entradas suyas, a fin de que usted pueda dar no más que un dólar.

## Comentario

La Palabra de Dios nos exige la décima parte de nuestro salario al templo; es decir, a nuestra Iglesia. Pero ¡Cuánto trabajo nos cuesta darle a Dios lo que sólo a Él le pertenece!

## Cita bíblica

> "Pues justamente ustedes que se creen inocentes, ustedes me están metiendo trampas con los diezmos y tributos sagrados. Por eso los maldigo, a todos ustedes Israelitas, que son unos tramposos. Entreguen, pues la décima parte de todo lo que tienen al tesoro del templo, para que haya alimentos en mi casa. Traten después de probarme, les propone Yavé de los ejércitos, para ver si les abro las compuertas del cielo o si derramo para ustedes la lluvia bendita hasta la última gota" (Malaquías 3:8-10).

## Hay recompensa para el que da

Dicen que a la reina Victoria de Inglaterra le gustaba mezclarse con su pueblo, disfrazada de plebeya.

Un día en que estaba caminando por las calles de Londres comenzó un fuerte aguacero. Tocó a una casa y cuando la dueña salió le pidió por caridad que le prestara un paraguas, que se lo devolvería al día siguiente. La mujer pensó: Tengo un paraguas... le daré el que está roto y viejo, me quedaré con el mejor.

Al día siguiente un paje de la corte regresó con una bolsa llena de monedas de oro, aquí le manda la reina de Inglaterra, dijo el paje a la mujer. "Usted le prestó un paraguas ayer".

La mujer acongojada pensó: Tuve oportunidad de darle a mi reina mi mejor paraguas, ¡pero no lo hice!

### Comentario

Dios nos da todo lo que tenemos. Una pregunta importante que nos tenemos que hacer es la siguiente: Y yo, ¿qué le doy a Dios de todo lo que Él me ha dado?

## Cita bíblica

"Entreguen, pues, la décima parte de todo lo que tienen al tesoro del templo, para que haya alimentos en mi casa.

Traten después de probarme para ver si les abro las puertas del cielo o si derramo para ustedes la lluvia bendita hasta la última gota" (Malaquías 3:10).

# No demos sobras a Dios

Un niño se sentó a la mesa para comer. Antes de que su madre lo viera, comenzó a cortar trozos de carne blanca de la gallina, y logró apartar un buen montón. La madre le descubrió y le dijo: ¿Qué vas a hacer con esa carne?

Nada, dijo el niño avergonzado; ninguna cosa mala. Sólo quise reunir una buena parte para mi perro Blanqui.

Pues, no -le dijo la mamá-, tú come lo tuyo y yo me encargaré del perro.

Al terminarse la comida, la madre recogió las sobras, los huesecitos y demás desechos que halló en los platos, y se los dio al niño para que los llevase al perro.

En el patio, el pequeño llamó a su perro y le entregó la comida diciendo con gran tristeza: Yo te iba a dar el diezmo de mi porción, pero mi mamá te manda las sobras del pollo como limosna.

## Comentario

¿Qué das a tu Iglesia y por lo tanto a Dios? Una limosna o tu diezmo. Dios nos pide que le demos la décima parte de nuestro salario al templo, a la iglesia, para que todos colaboremos en la obra de llevar a nuestra sociedad y al mundo entero, a los pies de Jesucristo.

## Cita bíblica

Jesús dijo: "Den, y se les dará; recibirán una medida bien llena, apretada y rebosante; porque con la medida que ustedes miden serán medidos" (Lucas 6:38)

## Hay más alegría en dar que en recibir

En cierta ocasión un mendigo que iba por un camino vio acercarse hacia él una lujosa carroza. Esta se detuvo a su altura por lo que pensó inmediatamente que obtendría de sus acaudalados ocupantes una buena limosna. Su sorpresa fue cuando vio bajar de ella un rico personaje vestido con lujosas ropas, el cual, en vez de ofrecerle una buena cantidad de dinero, por lo contrario, alargaba su mano demandando de él una limosna. Este mendigo, sin salir de su asombro, introdujo su mano en su talega y, sacando unos pocos granos de trigo, se los ofreció a aquel extraño personaje, alegando que no podía darle más, ya que era muy poco el alimento que llevaba para él mismo. Ambos personajes continuaron de nuevo sus respectivos caminos.

Cuando nuestro personaje llegó a su vieja choza y vació el talego lleno de granos de trigo sobre la vieja mesa, con gran sorpresa pudo observar que entre los granos de trigo había una pequeña cantidad de granos de oro igual a la cantidad de granos de trigo que había dado a aquel rico señor de la carroza. Entonces dijo así mismo: "¿Necio de mí, por qué no di todos mis granos de trigo?"

### Comentario

Con frecuencia nos cuesta mucho compartir lo que tenemos porque nos sentimos seguros en las cosas. Jesús hoy te pide que pongas tu confianza no tanto en las cosas sino en Dios quien hizo todas las cosas. Si así lo haces Jesús te garantiza paz y felicidad.

## Cita bíblica

Al respecto, Jesús admirando la generosidad y el desprendimiento de la viuda que dio desde su limitación y pobreza a diferencia de los otros religiosos dijo: "Crean que esa viuda sin recursos ha echado más que todos esos porque todos esos han dado de lo que les sobra, mientras que ella, no teniendo recursos ha echado todo lo que tenía para vivir" (Marcos 12:43-44).

Capítulo 12

# Conversion

## El cambio es ahora o nunca

Cuenta la historia que un día una mamá le lleva a su hijo adolescente una cesta de frutas.

Hijo aquí traigo estas frutas con una condición. Que no las comas hasta que pase por lo menos un mes.

Mamá, cómo puede ser, si dejo que pase un mes antes de comerlas éstas se podrirán. La mamá entonces le responde: Hijo, así estás haciendo tú con Dios, esperando a ser viejo para darle a Él tu vida.

Dios te quiere hoy, no cuando estés podrido.

### Comentario

La vida es el don y el regalo más grandioso que Dios nos dio. Lo mejor que le podemos dar a Dios, es la entrega y el compromiso de una vida joven como seguimiento a Jesús, el Eternamente joven. Y tú no esperes ser viejo para seguir al Señor y cambiar tu vida, puede ser demasiado tarde.

### Cita bíblica

> Acuérdate de tu creador en los días de tu juventud, antes que lleguen los días malos, y los años que se acercan, de lo" cuales dirás: "No encuentro placer en ellos". ¡Esto no tiene sentido, nada a que aferrarse!" (Eclesiástico 12:1-8).

## "Pasar de la muerte a la vida"

Hace como ochenta años, un hombre recogió el periódico matutino y para su horror, leyó su propio obituario. El periódico había reportado la muerte del hombre equivocado. Como muchos de nosotros, le gustó la idea de saber lo que la gente pensaría de él cuando muriera. Leyó primero el título, "El Rey de la Dinamita Muere", y continuó leyendo el texto. Leyó hasta que se asustó por la descripción que daban de él como el "Mercader de la muerte".

El fue el inventor de la dinamita y había hecho una gran fortuna con la elaboración de armas de destrucción. Pero estaba conmovido por esta descripción. ¿Quería él realmente ser conocido como el "Mercader de la muerte?"

Fue en este momento que una fuerza sanadora mayor que el poder destructivo de la dinamita le sobrevino. Era la hora de su conversión. Desde entonces dedicó su energía y dinero a trabajos de paz y de mejoramiento de la vida humana. Ahora, por supuesto, se le conoce no como el "Mercader de la muerte" sino como el fundador del Premio Nobel de la Paz: Alfredo Nobel.

### Comentario

La experiencia del pecado lleva al hombre a reconocer su propia miseria y limitación, así como el tener conciencia del mal y destrucción que hace a los demás como resultado de su pecado.

## Cita bíblica

Dice Yavé: "Vuelvan a mí de todo corazón, con ayuno, con llantos y lamentos. Rasga tu corazón no tus vestiduras y vuelve a Yavé, tu Dios porque Él es bondadoso y comprensivo, lento para la ira y grande es su misericordia. Envía la desgracia, pero luego perdona" (Joel 2:12-13).

## Cuando Jesús entre

Un trabajador estaba fuertemente atraído hacia un florero que había en una tienda en el mercado del pueblo. Lo compró y lo llevó a su casa.

El florero era tan lindo que hizo que su cuarto de enfrente se viera insignificante y feo.

Entonces compró pinturas de colores vivos y brillantes, y transformó el cuarto. Compró cortinas lindas que combinaran con la pintura, una alfombra bonita y hasta lijó y pulió los muebles...

Por la belleza del florero, todo el cuarto fue completamente transformado.

### Comentario

Cuando Jesús entre en mi corazón, las áreas que necesitan atención... sobresalen. -¡La santidad consiste por lo tanto en descubrir que soy un pecador más grande de lo que alguna vez pensé que era! ¡Cuanto más me acerco a Dios, más obvio es el contraste!

El Apóstol Pablo hablando de la reconciliación nos dijo que: Donde abundó el pecado, sobreabundó la gracia. Es Jesús, por lo tanto, que con su presencia en nosotros nos va cambiando para que nuestra vida toda esté en armonía con la suya.

## Cita bíblica

"El mismo Jesús subiendo a la cruz cargó con nuestros pecados para que muertos a nuestros pecados, empecemos una vida santa" (1 Pedro 2:24).

Capítulo 13

# Amor de Padre

## ¿Le das tiempo a tu familia?

Quizá recuerden la historia de aquel papá muy adinerado e influyente, por cierto. Tan ocupado que incluso llevaba trabajo a la casa y el niño le decía: "Papi quiero platicar contigo".

Espérate que estoy ocupado, después te atiendo. "Papi, quiero platicar contigo".

Hijito, estoy ocupado, luego te atiendo. No molestes.

"¿Papi, tú eres muy importante verdad?" Claro que sí lo soy.

"Y ganas mucho dinero verdad?" Si gano mucho dinero porque trabajo mucho.

"¿Y cuánto ganas por las horas que trabajas en la casa"? Y el papá se quedó callado.

Después de unos días de silencio el niño insistió: "Papi te voy a comprar una hora de tu tiempo. Aquí tengo cinco dólares que he ahorrado para que platiquemos".

### Comentario

Esta puede ser tu historia querido lector. Cuando das demasiada importancia a tu trabajo y no tienes tiempo para compartir con tus seres queridos. El dar demasiada atención a las ocupaciones y poca atención a las relaciones familiares puede crear terribles consecuencias.

Se pierde el sentido del diálogo y la necesidad de compartir juntos, entonces se van creando distancias y abriendo heridas que duelen mucho porque el amor se va enfriando y el sentido de la familia se pierde... Piénsalo.

## Cita bíblica

"Quien no se preocupa de los suyos, especialmente de los de su casa, ha renegado de la fe y es peor que el que no cree" (1 Timoteo 5:8).

## Y recuerda

"Y ustedes, padres, no hagan de sus hijos unos rebeldes sino mas bien edúquenlos usando las correcciones y advertencias que pueda inspirar el Señor" (Efesios 6: 4).

## El hijo que no supo escuchar

En cierta ocasión un muchacho de familia muy adinerada le pide a su papá que le regale un carro de último modelo con motivo de su graduación de la escuela. El papá y el hijo salen a ver los posibles carros y diferentes modelos que le atraen al muchacho. Después de mucho mirar, el muchacho se enamora de un convertible rojo último modelo que era verdaderamente una belleza. Llega el día de la graduación y cuando todos estaban reunidos para la gran celebración el papá pide la palabra porque quiere decirles a todos que tiene un regalo muy importante para su hijo. El hijo se emociona, el corazón le late rápidamente, al fin su papá le va a regalar el carro que por tanto tiempo ha soñado tener.

Delante de todos los presentes el papá se acerca a su hijo y le da un pequeño regalo; el hijo se aturde y piensa que es una broma. Abre la caja y dentro encuentra una Biblia. Hijo le dice el padre, este es el regalo que te doy por tu graduación, este es el regalo que te va a hacer verdaderamente feliz. El hijo se indigna de tal manera que le tira la Biblia en la cara a su padre y delante de todo el mundo jura irse de la casa para nunca más regresar.

Pasó el tiempo y el padre murió. El hijo arrepentido regresa a su casa y mirando en la oficina del padre las fotos y los recuerdos que había de él se encuentra con la Biblia que años atrás su padre le había regalado el día de su graduación. El muchacho sin poder contenerse comienza a llorar y al abrir la primera página encuentra un sobre, dentro del cual había un cheque por el valor que exactamente costaba el carro que su padre le había prometido.

## Comentario

La paternidad divina es la fuente de la paternidad humana y el respeto de los hijos hacia sus padres es exigido por el precepto divino. "Ama a tu padre y a tu madre".

El respeto y la obediencia son una actitud de agradecimiento a los padres por el don de la vida, por el trabajo, por el amor con que han traído a los hijos al mundo y por ayudarles a crecer íntegramente.

## Cita bíblica

> "El temor de Dios es el principio de la sabiduría, mas los necios desprecian la sabiduría y la instrucción. Escucha, hijo mío, la instrucción de tu padre y no rechaces las advertencias de tu madre. Ellas serán tu corona y las llevarás siempre como un collar precioso" (Proverbios 1:7-9).

Capítulo 14

# Pruebas

## Las pruebas son necesarias

Dicen que un día alguien pasó por una herrería y vio al herrero que estaba trabajando fuertemente.

Aquel hombre tenía grandes problemas. El que pasaba se detuvo y con una mirada poco suspicaz le dice al herrero que era un hombre conocido como una persona muy cristiana: Dígame usted señor herrero:

¿Cómo es posible que Dios le de tantos problemas a personas tan buenas como usted?; yo pensaba que los cristianos no tenían que pasar por pruebas tan difíciles.

Entonces el herrero con mucho amor y mucha paciencia le dice al que estaba haciendo la pregunta: "Ve usted este pedazo de acero, para que sea moldeado como yo quiero que sea, para que pueda ser lo que yo espero que sea lo tengo que pasar primero por muchas pruebas, lo tengo que meter al fuego vivo, después le doy martillazos, después le doy forma y finalmente lo meto en agua fría. Si lo que he hecho no ha quedado como yo deseo y quiero entonces comienzo todo el proceso de nuevo".

### Comentario

Así Dios hace con nosotros sus hijos porque al fin y al cabo Él quiere que nosotros lleguemos a ser imágenes a semejanza suya.

### Cita bíblica

"Por esto, alégrense, aunque por un tiempo quizá les sea necesario sufrir varias pruebas. Su fe saldrá de ahí probada, como el oro que pasa por el fuego. En realidad, el oro ha de desaparecer; en cambio, la fe, que vale mucho más, les traerá al final honor y gloria cuando se manifieste Cristo Jesús" (1 Pedro 1:6-7).

# El diablo en la iglesia

Mientras se dirigía a la iglesia, un cristiano se halló con Satanás en el camino, y cuál no sería su sorpresa al oír de éste que también iba a la iglesia.

¿A dónde vas y qué vas a hacer allá? -Le preguntó el cristiano.

Voy a defender mis intereses.

¿Y cómo lo vas a hacer?

¡Qué ingenuo eres! Me valgo de mil maneras. Por ejemplo, el domingo por la mañana provoco un contratiempo de cualquier índole, el desayuno retardado, un botón extraviado, el cuello de la camisa mal planchado, y la discordia empieza.

Que vayan después a la iglesia con ese ánimo, a ver qué provecho sacan. Después, en el templo; uno que llega tarde, un paraguas o una silla que se cae; la tos de uno, el estornudo de otro, la puerta que se golpea, las conversaciones de los amiguitos; los gritos de los niños todo esto es motivo más que suficiente para que no se preste atención a lo que diga el sacerdote, ni se concentren en la misa.

## Comentario

¿Tiene algo de familiar esta anécdota para usted, querido lector?

## Cita bíblica

"Por lo demás, háganse robustos en el Señor con su energía y su fuerza. Pónganse la armadura de Dios, para poder resistir las maniobras del diablo. Porque nuestra lucha no es contra fuerzas humanas, sino contra los gobernantes y autoridades que dirigen este mundo y sus fuerzas oscuras. Nos enfrentamos con los espíritus y las fuerzas sobrenaturales del mal. Por eso pónganse la armadura de Dios, para que en el día malo puedan resistir y mantenerse en la fila, valiéndose de todas sus armas. Tomen la verdad como cinturón, la justicia como coraza, y, como calzado, el celo por propagar el Evangelio de la paz. Tengan siempre en la mano el escudo de la fe, y así podrán atajar las flechas incendiarias del demonio. Por último, usen el casco de la salvación y la espada del Espíritu, o sea la Palabra de Dios. Vivan orando y suplicando. Oren en todo tiempo según les inspire el Espíritu. Velen en común y prosigan sus oraciones sin desanimarse nunca, intercediendo a favor de todos los hermanos" (Efesios 6:10-18).

## En la aflicción Dios es nuestro amparo

Después del entierro de su esposa un señor regresó a su casa con su hijito. Cenaron algo y se fueron cada uno a su alcoba para dormir. Al rato, el hombre oyó que el niño lloraba. Se levantó y cruzó el comedor hacia donde el niño estaba. El niño le dijo sollozando:

Ay, papá, estoy sólo aquí. ¿Puedo ir a tu cuarto para dormir en la cama de mi mamá?

Quedaron sin hablar por un rato y después el niño dijo: Está muy oscuro aquí, papá. ¿Miras dónde estoy? Si, hijo, te estoy mirando -contestó el padre-. Más tarde, el hombre, todavía sin poder dormirse, con los ojos levantados al cielo, dijo:

Está muy oscuro aquí, papá. ¿Miras dónde estoy?

### Comentario

Exactamente no comprendemos el por qué de las cosas dolorosas de la vida ni del mal. Pero creemos que Dios no es el autor del mal porque Dios ama con amor puro y el amor verdadero no hace nada malo. Es por eso que el ser humano en medio de las tribulaciones, desgracias y fracasos de su vida puede confiar de que con Dios saldremos adelante. Porque los cristianos sabemos que: "Dios dispone todas las cosas para el bien de los que le aman" (Romanos 8:28)

## Cita bíblica

Es entonces cuando debemos oír la voz de Dios que nos dice: "No temas, porque yo estoy contigo; no desmayes, porque yo soy tu Dios que te esfuerzo; siempre te ayudaré, siempre te sustentaré con la diestra de mi justicia" (Isaías 41:10).

Capítulo 15

# Fidelidad a Dios

## No puedes comer barro

Dicen que un hombre que buscaba ser mejor cristiano se quejaba de lo mucho que iba a perder cuando se entregara a Cristo:

"Voy a tener que dejar tanto. Hay muchas cosas que hago hoy, que voy a tener que dejar de hacerlas."

Pero le dijo un amigo, hay muchas cosas que hoy tú no puedes hacer. Tú no puedes comer barro o tomarlo.

"No" respondió el hombre, pero yo no tengo el deseo de hacer eso.

"Por eso" fue la respuesta. "Cuando tú seas un verdadero cristiano; todo pecado será amargo para ti. Entonces no vas a querer hacer el mal".

### Comentario

Al aceptar a Cristo, nosotros no estamos entregando nuestra libertad, sino nuestra esclavitud; entonces nosotros estamos libres de hacer lo que queramos, porque estamos alegres de hacer la voluntad de Dios. "De modo que, si alguno está en Cristo, nueva criatura es; las cosas viejas pasaron; he aquí todas son hechas nuevas".

### Cita bíblica

"Despójense del hombre viejo al que sus pasiones van destruyendo, pues así fue su conducta anterior y renuévense por el Espíritu desde dentro, revístanse pues del hombre nuevo que Dios crea en la verdadera justicia y santidad" (Efesios 4:22-24).

## María Goretti: Ejemplo de fidelidad a Dios

Santa María Goretti era una niña de doce años, ella fue uno de los seis hijos de una pobre viuda que trabajaba en una granja de la ciudad de Nettuno, a orillas del mar, cerca de Roma. Una parte de la misma casa estaba habitada por un anciano y su hijo Alejandro, muchacho de dieciocho años, que se había criado sin religión y trataba siempre de inducir a María a que pecase, cosa que no pudo lograr, porque era una niña muy buena que se portaba bien en su casa y era constante en la oración. Nada dijo a su madre acerca de la conducta de Alejandro, aunque evitaba siempre quedarse a solas con él, lo que no le resultaba nada fácil, ya que su madre tenía que trabajar en el campo.

Un día que María estaba cosiendo en la escalera, se acercó Alejandro y le ordenó que fuera a su cuarto. En su mano brillaba un largo puñal. Al negarse María, la arrastró a la fuerza y cerró la puerta. Ella se resistió, tratando de pedir socorro, el muchacho, cegado por la furia, según él mismo confesó después clavó el puñal una y otra vez en el cuerpo de María, como si fuera un trozo de madera, y la dejó mortalmente herida. La niña sufrió mucho durante largas horas antes de morir y de recibir el viático. Cuando el sacerdote le preguntó si perdonaba a su asesino, le respondió: Le perdono con todo mi corazón y desearía que un día pudiera estar a mi lado en el cielo. Esto sucedió en 1902. Alejandro fue condenado a treinta años de cárcel. Al principio no quiso saber nada del capellán de la prisión, pero como María rezaba por él en el cielo, acabó por sentir un arrepentimiento sincero y desde ese momento vivió para servir a Dios. Amnistiado en 1929, volvió a Nettuno. Cuando María fue beatificada el 20 de abril de 1947, Alejandro, que en ese entonces tenía sesenta y tres años fue invitado con la madre de María a presenciar la solemne ceremonia que tuvo efecto en San Pedro, pero prefirió pasar el día de rodillas rezando ante el altar de su ciudad natal. Algún tiempo más tarde, María fue proclamada Santa para Gloria de Dios y para ejemplo de imitar para toda la cristiandad.

## Comentario

Jesús nos propone y exige practicar la novedad del mandamiento del amor que debe llegar incluso a amar y perdonar a quien nos haga daño, si queremos ser sus verdaderos discípulos.

## Cita bíblica

> Jesús dijo: "Ustedes han oído que se dijo: amarás a tu prójimo y no harás amistad con tu enemigo, pero yo les digo: Amen a sus enemigos y recen por sus perseguidores para que así sean hijos de su Padre que está en los cielos. Porque Él hace brillar su sol sobre malos y buenos, y envía la lluvia sobre justos y pecadores, pero si ustedes aman solamente a quienes los aman ¿qué mérito tienen? También los pecadores se comportan así" (Mateo 5:43-46).

## El Apóstol de la fidelidad

Un sacerdote Belga, el padre A. Julien, expulsado de la provincia de Kwei-chow en 1952, nos refiere la siguiente historia de su llegada a Hong-Kong, publicada en "Catholic Press" del 20 de marzo.

Una religiosa china fue encarcelada y, durante un mes, se hicieron repetidos intentos para forzarla a que negase la existencia de Dios. Al final, los vigilantes rojos reunieron a todos los presos encerrados en la cárcel para que, por medio de insultos, trataran de hacer que la monja renunciara a su religión.

En lugar de ello, la religiosa les contestaba con serenidad, y estuvo exponiéndoles tranquilamente, por espacio de diez minutos, las razones por las que creía en Dios.

Todos los presos la escucharon con tal respeto que motivó a que los carceleros dijeran:

Tenían que increparla, y la escuchan, por el contrario, como si dieran crédito a cuanto está diciendo.

En venganza, arrojaron al suelo a la religiosa y le dieron tres latigazos con una vara de bambú de tres pulgadas de grueso, a pesar de lo cual, ni un grito, ni una queja salieron de sus labios. Los presos decían unos a otros:

-Tiene que haber, como asegura, un Espíritu en el cielo que la ayuda, pues, de otro modo, no podría sufrir en silencio estos golpes.

La religiosa acabó por ser puesta en libertad, y el padre Julien no quiso revelar su nombre por temor a represalias.

### Comentario

La fidelidad es un acto grandioso de fe y amor y nos lleva a permanecer firmes hasta las últimas consecuencias. Por eso la misma Palabra dice: "Permanece fiel hasta la muerte y te daré la corona de la vida".

### Cita bíblica

> "No te asustes de lo que vas a padecer. El diablo meterá a la cárcel a algunos de ustedes para ponerlos a prueba. Serán diez días de prueba. Permanece fiel hasta la muerte, y te daré la corona de la Vida" (Apocalipsis 2:10).

Capítulo 16

# Predicación

## El testigo

Una de las historias de la India habla de cuatro hombres de Dios que, en su caminar por este mundo, se encontraron con una enorme pared.

El primero decidió subir la pared para ver lo que había del otro lado. En cuanto llegó a la cima su rostro se llenó de gozo y se tiró para el otro lado.

El segundo subió hasta el tope de la pared y sucedió lo mismo. Su rostro se llenó de gozo... De un júbilo indescriptible y se lanzó al otro lado. Lo mismo sucedió con el tercero.

Finalmente, el cuarto subió hasta el tope de la pared y cuando llegó arriba y miró al otro lado descubrió ante sus ojos un paisaje tan precioso que jamás había visto algo parecido. Tuvo tremendas tentaciones para lanzarse a ese lugar tan bello y tan especial, pero no lo hizo. Por el contrario, bajó de la escalera y se fue al mundo a predicar a todos los que encontrara, la belleza que había descubierto en aquel paisaje.

Con eso permitía que otros disfrutaran también de lo que él había disfrutado tanto.

### Comentario

El evangelio nos cuenta que Jesús fue un hombre de bien y como tal toda su vida se resume en servicio y amor por los demás. Anduvo con todos, entre todos y para todos sin exclusión de nadie y con atención especial hacia los más pobres y necesitados a quienes les hizo ver y experimentar la alegría de la salvación. El cristiano debe constituirse en testigo fiel de las enseñanzas del Maestro y con la luz del Señor y siguiendo su ejemplo ir hacia los demás.

## Cita bíblica

Jesús se acercó y les habló así:

"Me ha sido dada toda autoridad en el Cielo y en la tierra. Vayan, pues y hagan que todos los pueblos sean mis discípulos, bautícenlos en el Nombre del Padre y del Hijo y del Espíritu Santo, y enséñenles a cumplir todo lo que yo les he encomendado a ustedes porque yo estaré con ustedes todos los días hasta el fin del mundo" (Mateo 28:18-20).

# El predicador

Un predicador estaba más elocuente que de costumbre y todos soltaron una lágrima al escuchar su predicación. Aunque no exactamente todos.

En el primer banco, estaba sentado un caballero con la mirada fija en un punto delante de si, totalmente insensible al sermón.

Concluido el servicio alguien le dijo: ¿Ha escuchado usted el sermón? ¿No es cierto?, por supuesto, respondió fríamente el caballero, no estoy sordo y ¿qué le ha parecido? "Tan emocionante que daban ganas de llorar".

¿Y por qué si me permite preguntárselo, no ha llorado usted?

"Sencillamente porque no soy de esta parroquia", le respondió el caballero.

## Comentario

La Palabra de Dios es viva y eficaz por sí misma. Por tanto, los resultados dependen de Dios no del mensajero que la proclama, sin importar su condición pues este es únicamente su instrumento.

## Cita bíblica

"Te ruego delante de Dios y de Cristo Jesús, juez de vivos y muertos, que ha de venir y reinar, y te digo: Predica la Palabra, insiste a tiempo y a destiempo, rebatiendo, amenazando o aconsejando, siempre con paciencia y dejando una doctrina. Pues llegará un tiempo en que los hombres ya no soportarán la sana doctrina, sino que se buscarán maestros a su gusto, hábiles en captar su atención; cerrarán los oídos a la verdad y se volverán hacia puros cuentos. Por eso debes estar siempre alerta. No hagas caso de tus propias penas, dedícate a tu trabajo de evangelizador, cumple bien tu ministerio" (2 Timoteo 4:1-5).

## La esperanza que da el mensaje cristiano

Después de que predicara en el funeral de la hermana María Esther, una señora muy distinguida, se acercó a mí y, agarrándome las manos efusivamente, me dijo:

"Padre, qué lindo predicó usted; qué palabras tan bonitas dijo. Con palabras así, hasta a uno le dan ganas de morirse".

### Comentario

Al respecto dice la Biblia que la fe nace como resultado del escuchar la Palabra de Dios. Es a medida que uno escucha la prédica de la Palabra de Dios que la confianza en el amor y la bondad del Señor se va haciendo realidad en nuestras vidas.

### Cita bíblica

> "Bendito es aquel que escucha la Palabra de Dios y la pone en práctica" (Lucas 11:28).

### Y recuerda

> "Te ruego delante de Dios y de Cristo Jesús, que ha de juzgar a los vivos y a los muertos, y, puestos los ojos en su vida y su Reino, te digo: predica la palabra, insiste a tiempo y a destiempo, rebatiendo, amenazando o aconsejando, siempre con paciencia y preocupado de enseñar. Pues vendrá un tiempo en que los hombres ya no soportarán la sana doctrina, sino que se buscarán

un montón de maestros según sus deseos. Estarán ávidos de novedades y se apartarán de la verdad para volverse hacia puros cuentos. Por eso tú sé prudente, no hagas caso de tus propias penas, dedícate a tu trabajo de evangelista, cumple tu ministerio" (2 Timoteo 4:1-6).

# Acción de Dios

Había un fogoso predicador que en una charla cuaresmal hablaba con gran ímpetu sobre la conversión, y la necesidad de volverse a Dios. La gente estaba emocionada y conmovida. Al terminar su predicación bajó del púlpito y se fue a descansar a la sacristía.

Se le acercó una viejita que le dijo: Padre, ahora si estoy decidida a cambiar mi vida. El sacerdote le preguntó: ¿Cuál fue la palabra que dije, que te tocó para tomar tal decisión? La ancianita contestó: No padre, no fue nada de lo que usted dijo, sino que cuando usted se sonó la nariz delante del micrófono, me hizo pensar en las trompetas del juicio final y entonces decidí reconciliarme con Dios...

## Comentario

Dios puede usar cualquier detalle, aún el más inesperado, para convertir a alguien. No es nuestra elocuencia ni nuestros chistes, sino la acción discreta y misteriosa de Dios.

El discurso que Pablo preparó con más esmero y dedicación fue el que menos fruto dio. Pocos, muy pocos atenienses, se convirtieron. Los demás le dijeron irónicamente que mejor regresara otro día.

## Cita bíblica

"Este es nuestro ministerio. Lo tenemos por pura misericordia de Dios y por eso no nos desanimamos.

No nos predicamos a nosotros mismos, sino que anunciamos a Cristo Jesús como Señor: Pues nosotros somos servidores de ustedes por causa de Jesús. Ahora bien, Dios que dijo: Brille la luz en medio de las tinieblas, es el que se hizo luz en nuestros corazones para que en nosotros se irradie la Gloria de Dios como brilla en el rostro de Cristo.

Con todo llevamos este tesoro en vasos de barro para que todos reconozcan la fuerza soberana de Dios y no parezca como cosa nuestra" (2 Corintios 4:1; 5-7).

## De rodillas ante el maestro

Un día Santo Tomás de Aquino visitó al distinguido maestro, San Buenaventura. Quiero que me hagas un favor, le dijo. "Necesito que me enseñes tu biblioteca, quiero ver qué libros lees porque te oigo hablar tan bien que quiero ver de qué fuentes bebes".

San Buenaventura entonces, lo llevó a su celda, corrió una cortina y tras ella estaba un reclinatorio frente a la imagen de Jesús crucificado. Mirándolo fijamente a los ojos, le reveló: Aquí está la fuente de mi sabiduría, ésta es mi biblioteca, donde aprendo lo que enseño.

Santo Tomas sonrió y le contestó: "Se parece a la mía".

### Comentario

El buen predicador no necesariamente es el que habla bien, sino el que produce frutos. Mucha gente cree que solo es cuestión de libros o retórica. Pero la verdadera sabiduría proviene del Espíritu y se obtiene de rodillas ante la Majestad de Dios, sentado a los pies del único Maestro que tiene palabras de vida eterna.

### Cita bíblica

> Jesús dijo: "Hay algunos de ustedes que no creen". En efecto, sabía Jesús desde el principio quienes eran los que no creían y quién era el que lo iba a entregar. Agregó: ¿No les he dicho que nadie puede venir a mí si mi Padre no le ha concedido esta gracia?

A partir de ese momento, muchos de sus discípulos dieron un paso atrás y dejaron de seguirlo.

Jesús preguntó a los doce: "¿Acaso ustedes también quieren dejarme?". Pedro contestó: ¿Señor, a quién iríamos? Sólo Tú tienes palabras de vida eterna (Juan 6:64-69).

## Una luz en la oscuridad

En una sala de cine se exhibía una película de pronto el suelo comenzó a temblar y se fue la luz, lo que causó una gran confusión entre todos los espectadores que se levantaban y corrían con desesperación buscando la salida.

Unos se empujaban, otros se caían, otros gritaban. Pero un hombre que tenía una pequeña lámpara enfocó la luz hacia la salida y gracias a él todos pudieron salir.

### Comentario

El cristiano posee la luz de Jesús para iluminar la salida en medio de la oscuridad.

### Cita bíblica

> Ante esto Jesús nos dice: "Ustedes son la luz para el mundo. No se puede esconder una ciudad edificada sobre un cerro. No se enciende una lámpara para esconderla en un tiesto, sino para ponerla en un candelero a fin de que alumbre a todos los de la casa. Así pues, debe brillar su luz ante los hombres, para que vean sus buenas obras y glorifiquen al Padre de ustedes que está en los cielos" (Mateo 5:14-16).

Capítulo 17

# Codicia

## Ganar el mundo y perder el alma

El gran emperador Carlomagno fue enterrado de una manera excepcional. Su sepelio en un suntuoso mausoleo en Francia fue hecho con lujo y esplendidez. Su cuerpo, vestido con la púrpura imperial, se sentó en un trono de mármol, en su mano izquierda se colocó un cetro, su cabeza se coronó por una valiosa diadema de perlas y su mano derecha descansaba sobre un libro del Nuevo Testamento colocado en su regazo.

La tumba fue sellada y así permaneció por varios siglos. Cuando un día fue abierta, ¡oh, qué sorpresa y triste espectáculo! El cetro se había deslizado de su mano, la corona había rodado por el suelo, sus vestiduras se habían podrido, pero el índice huesudo del esqueleto estaba señalando un texto del Nuevo Testamento, que dice: "¿De qué le servirá al hombre ganar el mundo entero si se pierde a sí mismo?

Pues, ¿de dónde sacará con qué rescatar su propia persona" (Mateo 16:26)?

### Comentario

¡Oh futilidad de la vida! "Vanidad de vanidades", dice la Biblia. ¿De qué sirve la conquista de tesoros y bienes materiales, reinos, poderes e imperios, si todo eso es pasajero y efímero, y nada se lleva el mortal a la eternidad?

## Cita bíblica

Jesús dijo: "¿Por qué, pues, tantas preocupaciones? ¿Qué vamos a comer?, o ¿qué vamos a beber?, o ¿con qué nos vestiremos? Los que no conocen a Dios se preocupan por esas cosas. Pero el Padre de ustedes sabe que necesitan todo eso. Por lo tanto, busquen primero el Reino y todo lo bueno que éste supone, y esas cosas vendrán por añadidura" (Mateo 6:31-33).

## ¿Dónde está tu tesoro?

Oí una vez un cuento: Tres hombres, amigos entre sí, se hallaban en la pobreza y se dispusieron a salir al campo en busca de trabajo. Iban caminando, cuando, de pronto, uno de ellos vio una bolsa. La recogió y al abrirla, había en ella monedas de oro. Se sentaron entonces a contarlas y en ese momento pasaba por allí San Miguel. Este al ver a los hombres, se hizo a un lado y gritó: "El demonio, ustedes tienen al demonio en sus manos". Los hombres no podían entender por qué el santo había dicho tales palabras.

Uno de los hombres dijo que él iría al pueblo, que estaba muy cerca, para comprar comida para los tres, y que al volver y después de que comieran, se repartirían las monedas de oro en partes iguales. Todos convinieron en la proposición, y el hombre se marchó. Mientras caminaba, se dijo para sí: ''Yo no soy un tonto; para que todo el tesoro me quede a mí, le pondré veneno a la comida de mis compañeros". Pero, a su vez, los dos hombres que se habían quedado esperándolo, queriendo tener una parte mayor cada uno, decidieron matar a su compañero cuando éste volviera.

Y todo sucedió tal como los tres lo habían planeado. Un rato después volvió a pasar el santo y vio a los tres hombres, muertos, cada uno con las manos en la bolsa de las monedas. Y se fue reflexionando: "La codicia, oh, el pecado de la codicia mata al hombre"

## Comentario

El dinero ha desempeñado un papel importantísimo en la vida de los seres humanos. Ha sido un medio de bendición, pero también infinidad de veces ha sido la causa de discordias, de ruina y de muerte. Pero no es que haya nada de malo o de bueno en el dinero en sí, sino que es el uso que hacemos de él y la actitud que mantenemos hacia él lo que lo constituye en bendición o en maldición.

## Citas bíblicas

Pablo, un apóstol del cristianismo, escribió estas sabias palabras: "En cambio, los que quieren enriquecerse caen en tentación y trampas; una multitud de ambiciones locas y dañinas los hunden en la ruina hasta perderlos. En realidad, la raíz de todos los males es el amor al dinero. Por entregarse a él, algunos se han extraviado lejos de la fe y se han torturado a sí mismos con un sinnúmero de tormentos" (1 Tim. 6:9-10).

Y Jesucristo sentó con palabras sensatas el siguiente principio: "Pues donde están tus riquezas, ahí también estará tu corazón" (Mateo 6:21).

## El dinero puede ser un mal consejero

Dicen que un hombre muy adinerado construyó una vez una caja fuerte dónde meter todo su dinero. La caja estaba equipada con los últimos adelantos. Era una caja que tenía una cerradura electrónica, había luz eléctrica en su interior, calefacción, aire acondicionado, en fin, estaba todo a pedir de boca, y ahí aquel hombre metió todo su dinero.

Todas las noches iba a contar su dinero a amasar las monedas de oro y de plata y a gozarse con todo lo que tenía y todo lo que veía a su alrededor.

Una noche en que el hombre estaba dentro de aquella caja fuerte que era realmente imposible de abrir a no ser que tuviera la combinación electrónica, se fue la luz. Aquel hombre desesperadamente trataba de buscar la cerradura para abrir la puerta, pero era imposible porque no había electricidad.

Pasaron unos días, empezaron a buscarlo, pero en vano porque no lo podían encontrar. Buscaron al ingeniero que había construido la caja fuerte y le pidieron que por favor fuera donde estaba la enorme caja y que la abriera porque tenían el presentimiento de que se pudiera encontrar dentro. Efectivamente cuando la pudieron abrir se encontraron al hombre muerto.

Se había asfixiado, sus manos tiesas agarraban monedas de oro y de plata que ya para nada le servían.

## Comentario

El destino del hombre no es tener mucho dinero, mucho poder, ser muy vistoso sino saber cumplir la voluntad de Dios.

Piensa ¿Cuál será el final de tu vida si no tienes estas cosas?

## Comentario

"Al llegar al mundo no trajimos nada, ni tampoco nos llevamos nada" (1 Timoteo 6:7).

Capítulo 18

# Pecado

## El ateo que se creía inteligente

Un día se encontraban el Presidente de este país, el Papa, un ateo y un *Boy Scout* en un mismo avión. Los cuatro discutían sobre la existencia de Dios.

A pesar de la insistencia de todos, el ateo no daba su brazo a torcer y decía: Que él era el más inteligente de todos ellos porque era el único que no creía en Dios. No valían argumentos ni lógica, nadie podía convencer al ateo que Dios sí existe; pues decía una y otra vez, yo soy el más inteligente de ustedes porque soy el único que no cree en Dios. Como no había forma de convencerlo decidieron terminar la conversación.

El Papa comenzó a leer su Biblia, el Presidente a escribir unas cartas que necesitaba hacer, el *Boy Scout* abrió su libro de instrucciones y el ateo se dedicó a programar cómo iba a decir al mundo que Dios no existe.

De pronto se oyó la voz del capitán del avión que decía: Señores pasajeros tenemos un problema muy serio, hay una falla en el motor del avión y no queda más remedio que usar los paracaídas para escapar a una muerte segura. El problema es que ustedes son cuatro y solamente hay tres paracaídas, es entonces cuando el Presidente se levanta y dice: soy un hombre muy importante, la nación me necesita, por lo tanto, me llevo un paracaídas, lo tomó y se tiró del avión. Fue entonces cuando el ateo se levantó de su asiento y dijo: yo como soy el hombre más inteligente y tengo que decirle al mundo que Dios no existe, me llevo el otro paracaídas, así lo hizo y se tiró del avión.

Entonces el Papa mirando al *Boy Scout*, le dijo: Hijo yo ya soy un anciano, tú tienes una vida por delante llévate tu el paracaídas restante. El muchacho le dijo: No Santo Padre, los dos nos tiraremos y nos salvaremos. Esto es imposible, hijo, porque sólo queda un paracaídas, respondió el Papa. El muchacho dijo: Santo Padre tirémonos los dos porque el ateo se tiró con mi mochila.

### Comentario

El hombre sin Dios es un desierto. Su corazón no tiene amor, y su corazón no es más que el perverso perseguidor de los hermanos.

### Cita bíblica

> Jesús dijo: "Dios no mandó a su Hijo a este mundo para condenar al mundo sino para salvarlo. El que cree en él no se pierde; pero el que no cree ya se ha condenado, por no creerle al Hijo Único de Dios" (Juan 3:17-18).

## Cadenas que matan

Una señora cuenta su experiencia: Era apenas una adolescente cuando mi hermana mayor me invitó a visitar la cárcel de nuestra ciudad natal. Me dijo que deseaba visitar a un antiguo conocido de la familia, porque había leído en el diario que estaba prisionero. Le llevaba unas cuantas golosinas y revistas de fácil y amena lectura. Y me fui con ella.

La experiencia me iba a ser totalmente nueva." ¿Cómo sería una cárcel?, me preguntaba en mi imaginación juvenil. Al llegar allí, todo me fue impresionante. Hombres fuertes y rudos, de caras hoscas, se movían acompasados de un lado a otro, con armas de fuego en las manos. Mientras mi hermana recibía el permiso de entrada, se oyó un silbato agudo. Era la hora en que los presos salían al amplio patio de la cárcel, a darse un baño de sol, a respirar aire fresco, y a recibir la visita de sus familiares. Me hice todo ojos. Los prisioneros fueron entrando, y se organizaron grupitos de personas aquí y allá. De pronto, un hombre triste hacía su entrada muy lentamente. Casi se arrastraba. Traía atada al tobillo una cadena de hierro. Como pudo, se acurrucó en una esquina sombreada, como un bulto sucio envuelto en manto de dolor. Mi hermana se acercó a él. Y yo también, aunque con miedo. Se entabló el diálogo. El hombre había cometido un crimen y ahora purgaba su condena. Todavía contemplo su imagen impresionante; todavía siento la tristeza que me produjo aquel cuadro de miseria humana.

¿Por qué tiene esa cadena tan pesada? -le pregunté.

Es para que no me escape- me respondió. Pero sufro de otras cadenas peores -agregó- las de mi conciencia culpable.

De nuevo sonó el silbato, y mi hermana y yo tuvimos que partir. Y el hombre de la cadena empezó a ponerse de pie para volver a su celda.

### Comentario

Infinidad de hombres, presos fuera de las paredes de una cárcel, van también arrastrando sus cadenas. El pecado es cadena que aprisiona; nos quita la libertad, el gozo y la paz. "La paga del pecado es la muerte" dice la Biblia, pero ella también dice: "Si el Hijo (Jesús) los libera, serán verdaderamente libres".

### Cita bíblica

"Hubo un tiempo en que entregaron sus miembros, haciéndose esclavos de la impureza y del desorden hasta llegar a la inmoralidad. "Pero ¿qué provecho sacaron de esas cosas que ahora les dan vergüenza? El resultado de todo eso es la muerte". Ahora, en cambio, ustedes están libres del pecado y sirven a Dios. De ahí que trabajan para ser santos, y el resultado final será la vida eterna. Pues la muerte es el sueldo del pecado, mientras que la vida eterna es el don que nos hace Dios en Cristo Jesús, Nuestro Señor" (Romanos 6:19-23).

Capítulo 19

# Esperanza

## Miremos adelante, hacia el sol

Había un rosal en una maceta, sobre el dintel de la ventana de una enferma. Un día, la señora notó que el rosal tenía una rosa volteada contra la ventana y le dio vuelta a la maceta para poder admirar toda la belleza de la rosa. Al día siguiente notó que otra vez la rosa estaba volteada contra la ventana. Una y otra vez volteó la maceta, pero cada vez la rosa se movía también hacia la claridad, no hacia la oscuridad de la recámara.

### Comentario

Esta anécdota nos da una gran lección: Nunca vayamos hacia la oscuridad, siempre alejémonos de ella.

Sigamos el sendero de la rosa y vayamos adelante, hacia el sol, porque: "La esperanza mantiene siempre una ventana abierta".

### Cita bíblica

"¿No han aprendido nada en el estadio? Muchos corren, pero uno solo gana el premio. Corran pues de manera que lo consigan, como los atletas que se imponen un régimen muy estricto, solamente que ellos lo hacen por una corona de laureles perecederos, mientras que nosotros por una corona que no se marchita. Así pues, corro yo sabiendo a dónde voy. Doy golpes, pero no en el vacío, castigo mi cuerpo y lo someto no sea que después de predicar a los otros, venga a ser eliminado" (1 Corintios 9:24-27).

## Mirar el lado bueno de las cosas

"Mira hacia el lado brillante" le dijo un joven a su amigo que estaba disgustado y melancólico "pues si no hay lado brillante" contestó el interpelado. "Muy bien, repuso el interlocutor, entonces pule y sácale brillo al lado opaco".

### Comentario

Esto me hace recordar aquella famosa "teoría del vaso de agua": La persona negativa dice: "Me falta medio vaso de agua".

La persona positiva dice: "Tengo medio vaso de agua".

Por lo tanto, valoremos las cosas que tenemos y hemos alcanzado y dejémonos de lamentar por lo que no tenemos.

### Cita bíblica

> "Que el Dios de la esperanza les conceda por su fe la alegría plena y la paz, para que la esperanza superabunde en ustedes por la virtud del Espíritu Santo" (Romanos 15:13).

Capítulo 20

# Falta de comunicacion

## Que aburridos el mismo pregón

Cuenta la historia que un sacerdote recién ordenado llegó a su nueva parroquia. Cuando predica su primer sermón lo hace con tanta fuerza, con tanta autoridad y convicción que la gente queda totalmente impresionada.

El siguiente domingo llega y aquella iglesia estaba desbordándose de gente, todo el mundo queriendo escuchar el sermón del sacerdote .Cuando llega la hora de la prédica el sacerdote predica exactamente el mismo sermón del domingo anterior.

Las personas piensan que lo hizo tal vez por falta de tiempo. El domingo siguiente todos van de nuevo a la iglesia a escuchar el sermón del sacerdote, para sorpresa de todos, se escucha el mismo sermón que las dos veces anteriores.

Al final de la misa los feligreses enojados deciden nombrar una comisión que vaya donde el sacerdote para expresar su descontento por la misma prédica.

Tocan la puerta de la rectoría y le dicen: Padre Ernesto, nos encanta su forma de predicar, pero estamos cansados de escuchar el mismo sermón una y otra vez; ¿cuándo nos va a predicar algo nuevo?

El sacerdote se sonríe y les dice: Les predicaré un sermón nuevo cuando hayan puesto el viejo en práctica.

## Comentario

Jesús viene a darnos un mandamiento nuevo. El mandamiento del amor. No importa las veces que escuchemos esta enseñanza, lo importante es que la pongamos en práctica.

## Cita bíblica

> Jesús dijo: "Les doy mi mandamiento nuevo: Que se amen unos a otros como yo los he amado, no hay amor más grande que dar la vida por los amigos y ustedes son mis amigos, si cumplen lo que les mando" (Juan 15:12-14).

## Aprendamos a escuchar

Llega un sacerdote recién ordenado a su primera parroquia. Al prepararse para su primer sermón le confiesa al párroco que está muy nervioso y no sabe qué va a decir.

El párroco, un hombre ya con mucha experiencia le dice que no se preocupe que él le va a ayudar y le sugiere que hable de uno de los milagros de Jesús que de seguro le va a interesar a toda la congregación.

Se ponen de acuerdo que la prédica va a ser sobre el gran milagro de la resurrección de Lázaro. El domingo, en el momento en que el joven sacerdote se dispone a predicar, el párroco se esconde detrás del altar para ayudar a su joven compañero, el párroco comienza. Un día Jesús fue a la tumba de Lázaro, y el joven sacerdote repetía el párroco continua y Jesús le dijo; y el joven sacerdote continua -y Jesús le dijo, levántate, Lázaro, y camina; el joven sacerdote quien ya había cogido entusiasmo en su prédica continuó sin asistencia del párroco diciendo; Y Lázaro se levantó de su tumba y anduvo y anduvo– el párroco le gritaba de detrás del altar –anduvo tonto- a lo que el joven sacerdote repitió –anduvo tonto por un tiempo pero después se compuso.

### Comentario

Uno de los grandes problemas que tenemos la mayoría de los seres humanos es que nos cuesta trabajo escuchar.

Qué diferencia tan grande hubiera entre muchas parejas si cada cual hiciera un esfuerzo mayor por escuchar más atentamente al otro. Sin duda alguna, se evitarían muchos malentendidos e innecesarias heridas.

Si cada cual tomara la decisión de escuchar más atentamente a los demás, de seguro las relaciones de padres con hijos, hermanos, vecinos y miembros de la iglesia serían más estrechas disfrutables.

## Cita bíblica

"Les daré un corazón nuevo, y pondré dentro de ustedes un espíritu nuevo. Les quitaré del cuerpo el corazón de piedra y les pondré un corazón de carne" (Ezequiel 36:26).

Capítulo 21

# Espiritu Santo

## Fortaleza para vivir

Un joven artista estaba tratando de copiar una de las más hermosas pinturas del mundo, hecha por Rafael. Había ido a Florencia a estudiarla, y luego se dedicó a copiar esta obra maestra. Al terminar, el artista veía que había hecho una pintura hermosa, pero que no podía en ninguna manera compararse con la excelencia del original.

"Ah, si pudiera posesionarme del espíritu de Rafael", exclamó el joven, sólo entonces podría pintar como el gran maestro.

### Comentario

Cuando aceptamos al Señor Jesucristo él nos da la ayuda del Espíritu Santo para darnos la fortaleza que necesitamos para vivir y servirle según su voluntad. Mientras más nos domine el Espíritu Santo en nuestra vida, tendremos más poder para hacer de nuestra vida una obra maestra.

### Cita bíblica

> Jesús dijo: "Cuando venga el protector que les enviaré desde el Padre por ser Él el Espíritu de Verdad que procede del Padre, dará testimonio de mí" (Juan 15:26).

## Sabemos lo que tenemos

A un hombre le regalaron un par de guantes forrados de piel. Como vivía en un clima tropical, no necesitaba los guantes, los guardó en una gaveta y pronto se olvidó de ellos.

De modo que no le servían porque no los usaba. Algún tiempo después le llamaron para que trabajara en una ciudad de clima frío y entonces se acordó de los guantes. Al fin encontraría uso para aquello que él consideraba un regalo sin utilidad. Cuando metió la mano en uno de los guantes, sintió que algo impedía que el dedo pulgar se acomodara en su lugar. Para su gran sorpresa, lo que impedía era un billete de diez dólares enrollado.

Revisó los otros dedos del guante y descubrió que en cada uno de ellos había un billete de cien dólares. Los billetes habían estado allí todo el tiempo, pero él no se había dado cuenta.

### Comentario

El Espíritu Santo está en la vida del creyente desde el momento de nuestro bautismo. Pero el Espíritu Santo no nos puede enriquecer con su presencia y sus dones a no ser que dependamos de El. Seamos llenos del Espíritu Santo, invoquémoslo y permitamos que toda nuestra vida esté dirigida y dominada por El.

## Cita bíblica

"Cuando llegó el día de Pentecostés, estaban todos reunidos en un mismo lugar. De pronto vino del cielo un ruido, como el de una violenta ráfaga de viento, que llenó toda la casa donde estaban. Se les aparecieron unas lenguas como de fuego, las que, separándose, se fueron posando sobre cada uno de ellos; y quedaron llenos del Espíritu Santo y se pusieron a hablar idiomas distintos, en los cuales el Espíritu les concedía expresarse" (Hebreos 2:1-4).

## ¿Ha visto alguien a Dios?

Un cadete de la marina me preguntó en cierta ocasión: "¿Capellán ha visto a Dios?"

-No- le dije- "Y te puedo preguntar, ¿Has visto el polo norte? Ninguno de nosotros ha visto el polo norte magnético, pero sabemos que allí está. Sabemos que la brújula siempre señala el norte cuando se navega en esa dirección.

Se cuenta la historia del jovencito con su cometa. El día estaba perfecto, con nubes blancas y hermosas en el cielo. La cometa al fin se perdió entre las blancas nubes. Un caballero se aproximó y pregunto.

-Hijo, ¿qué estás haciendo?

-Estoy remontando mi cometa.

El caballero volvió a preguntar:

-Pero, ¿cómo puedes estar seguro de ello cuando no la divisas?

-Tiene usted razón, señor, no la veo, pero cuando siento que hala yo sé que allí está arriba.

### Comentario

Al igual que era invisible la cometa del jovenzuelo, así también nuestro Dios permanece escondido de nuestros ojos físicos, pero nosotros sabemos que allí está cuando sentimos el "halar" de su Santo Espíritu en nuestra vida.

## Cita bíblica

"Ustedes ya no están en la carne, sino que viven en el Espíritu, pues el Espíritu de Dios habita en ustedes" (Romanos 8:9).

Capítulo 22

# Vida Cristiana

## Práctica y profesión

Se cuenta que había dos hermanos que vivían muy cerca el uno del otro en la misma ciudad. Uno era sacerdote y tenía su título de doctor en teología y era gran predicador. Un día, un hombre buscaba al sacerdote y equivocadamente se dirigió al médico preguntándole que si él era el predicador.

A esta pregunta contestó el médico: "No, yo no soy el doctor que habla, yo soy el doctor que practica.

### Comentario

Dios quiera que nosotros seamos cristianos que hablan con su acción, no sólo con palabras.

### Cita bíblica

> Jesús dijo: "Yo soy la vid y ustedes las ramas. El que permanece en mí y yo en Él, ese da mucho fruto, pero sin Mí no pueden hacer nada" (Juan 15:5).

## El cristiano conoce a Cristo

En cierta ocasión un actor muy importante de Hollywood fue invitado a una cena que se ofrecía en su honor. Aquel salón estaba lleno de gente; al concluir la cena varios de sus admiradores le pidieron que declamara alguna obra.

El actor se fijó en un anciano sacerdote que formaba parte de los que estaban ahí presentes y yendo al micrófono anunció: Con todo gusto voy a declamar el Salmo 23, es decir el Salmo del Buen Pastor si el sacerdote que se encuentra aquí presente me promete declamar el mismo salmo una vez que yo termine.

Al principio el sacerdote se negó, a insistencia del público, más tarde aceptó en hacerlo. El actor comenzó a recitar el Salmo del Buen Pastor -el Salmo 23- diciendo: "El Señor es mi Pastor, nada me falte", en cuanto terminó de declamar ese bello salmo, todo el mundo se puso de pie, empezaron a aplaudirlo, entonces el actor dijo: Ya yo cumplí, ahora que el sacerdote venga aquí y declame el mismo salmo.

El sacerdote lenta pero firmemente caminó hacia el micrófono y comenzó; el Señor es mi Pastor, nada me falte; al terminar el salmo nadie se levantó, nadie aplaudió pero de los ojos de los presentes brotaban lágrimas de arrepentimiento, entonces el actor tomando el micrófono nuevamente dijo: Señoras y señores, algo que no me esperaba acaba de ocurrir, el sacerdote y yo hemos declamado el mismo salmo, el Salmo del Buen Pastor, pero la gran diferencia es que yo conozco el Salmo del Buen Pastor pero éste sacerdote conoce al Buen Pastor.

## Comentario

El cristianismo no se funda ni en teorías, ni en doctrinas sino en un estilo de vida basado en la decisión de conocer a Jesucristo y vivir como Él.

## Cita bíblica

Jesús dijo: "El discípulo no puede ser diferente al maestro" (Juan 15:20).

Capítulo 23

# Autoridad

## En una oficina de empleos...

Entra el primer candidato. ¿Cuánto es 2+2?

Dos más dos son cuatro. Y perdió el empleo.

Entra el segundo candidato: ¿Cuánto es 2+2?

Dos más dos es lo diga el jefe. Y calificó para el empleo.

### Comentario

Jesús el gran maestro de humanidad, nos enseñó en su propia vida que toda autoridad viene de Dios y es un servicio.

Por tanto, todo autoritarismo no es más que el deseo de sobreponerse, de autoafirmarse, de imponer los propios criterios. Esto es una forma de endiosarse y sólo crea barreras, distancias y la anulación de la otra persona. Todo autoritarismo entonces es refugio de la propia mediocridad.

### Cita bíblica

Jesús dijo: "El que quiera ser el más importante que se haga el más pequeño y que sirva a los demás (Marcos 9:35).

## Conduce, no fuerces

Un día, un granjero y su hijo estaban intentando meter un becerro al granero. El padre empujaba y el hijo halaba y el becerro se negaba a entrar.

Desesperados, finalmente recurrieron a un vecino, también granjero, que había estado viendo la maniobra. El vecino sabía perfectamente qué era lo que intentaban hacer y también sabía qué era lo que el becerro quería. Metiendo su dedo dentro de una cubeta llena de leche, lo mojó y se lo dio a lamer al becerro, quitándole el dedo el becerro lo siguió hasta el granero.

### Comentario

Mucho daño han hecho los que encausan la religión sobre gente entusiasmada, a la que empujan y halan hacia su manera de pensar y de este modo los alejan más de Dios, en lugar de atraerlos hacia El. Aún la gente más hostil, a menudo se puede encauzar bien, si se les aconseja gentilmente y se les encamina por lo que les parezca bien y además les convenga.

Por eso decían A. Lincoln: "Con malicia no se gana nada, con caridad sí se gana todo".

## Cita bíblica

"Llegaron a Cafarnaúm, y una vez en casa, Jesús les preguntó de qué venían discutiendo por el camino. Ellos se quedaron callados, pues habían discutido entre sí quién era el más importante de todos. Entonces Jesús se sentó, llamó a los doce y les dijo: Si alguno quiere ser el primero que se haga el último y el servidor de todos" (Marcos 9:33-35).

Capítulo 24

# La muerte

## El Jardinero que esperaba

Cuentan que un jardinero se esmeraba todos los días para mantener en las mejores condiciones el jardín de su patrón. Un día un amigo se le acerca y le dice: Para qué te esmeras tanto en cuidar este jardín si tu patrón está ausente y no sabes ni el día ni la hora en que va a regresar. El jardinero le contestó: Por eso lo cuido, para que a su llegada encuentre su jardín en las mejores condiciones posibles.

### Comentario

Nosotros los cristianos creemos que Cristo vive, en el sentido más pleno de la palabra, creemos que el Señor se mostró vivo después de su muerte y creemos en la vida eterna. Por eso San Pablo decía: "Para mí la vida es Cristo y morir es ganancia". Es por eso que como ese jardinero debemos prepararnos y esmerarnos cada día de nuestra vida por mantenerla floreciente y bella como un lindo jardín para la llegada de Nuestro Señor Jesucristo.

## Cita bíblica

Hablando del fin del mundo Jesús dijo: "Por lo que se refiere a ese día y cuándo vendrá, nadie lo sabe, ni siquiera los ángeles de Dios, ni aún el Hijo, solamente el Padre. Por eso estén preparados, porque el Hijo del Hombre vendrá a la hora que menos esperan" (Mateo 24:36-44).

## El viaje más importante

El rey era un hombre muy inteligente –claro, ¡era el rey!- El tonto era un tonto, un buen tonto.

El rey se reía del tonto cuando éste decía tonterías. Un día le dio al tonto un báculo. "Toma este báculo", le dijo el rey, "y tenlo contigo hasta que encuentres un tonto más tonto que tú".

Los años pasaron. El rey estaba muriendo. Su familia, su cortejo, sus ministros, sus sirvientes, y el tonto estaban alrededor de su cama.

El rey les dijo, "Los he llamado para decirles adiós. Estoy a punto de partir, me voy en un viaje largo. No regresaré más a este lugar". El tonto se adelantó unos pasos. "Su majestad, una pregunta antes de que se vaya. En el pasado, siempre que iba de viaje a lugares lejanos de su reino o a cualquier otro país, siempre mandaba heraldos, policías y soldados delante de usted para hacer los preparativos del viaje. Puedo preguntar "¿qué preparativos ha hecho su majestad para este viaje que está a punto de empezar?"

"Caramba" replicó el rey, "No he preparado nada". "Entonces" dijo el tonto, "toma este báculo, porque al fin he encontrado a alguien más tonto que yo".

### Comentario

San Pablo nos recuerda que la vida pasa y que se acaba el espectáculo. La pregunta es entonces: ¿Cómo te estás preparando para ese momento en que tu vida ha de acabar en esta tierra? ¿Estarás listo para presentarte ante tu Creador y someterte al juicio, que Él hará sobre tu vida? Más aún, ¿cuál crees tú que será su veredicto? Prepárate debidamente, por lo tanto, para que en ese día se te otorgue la gloria del cielo para siempre.

### Cita bíblica

Jesús dijo: "Por eso estén prevenidos, porque no saben el día en que vendrá su Señor" (Mateo 24:42).

## ¿Estas preparado para la muerte?

Se cuenta de un hombre que hizo un contrato con la muerte. Y una de las condiciones que el hombre le puso fue que la muerte debía avisarle antes de que llegase la hora de venir por él, a fin de arreglar todas sus cosas y estar bien preparado para ese momento.

Pero ¿No habíamos convenido -dijo el hombre viendo la terrible embestida- que me avisarías?

Ya lo he hecho -contestó la implacable visita- ¿No has visto cómo día tras día se ha ido apagando la luz de tus ojos? Pues esto era un aviso.

¿No has notado cómo tus cabellos han ido encaneciendo, tus pies flaqueando, y tus fuerzas desfalleciendo? ¿No eran estos otros avisos? Muchas veces has visto también el coche fúnebre, llevando a tus parientes o conocidos a su última morada; ¿no era otro aviso? Y el pasar de los años, ¿no te advertía de mi parte mi proximidad?

### Comentario

Yo no quiero estar aquella hora del juicio final a la izquierda en que Jesús dirá al que no va a entrar al Cielo: "Apártate, maldito, al fuego eterno, porque tuve hambre y no me diste de comer, tuve necesidad y no me atendiste. Te precisó más la pureza de tu ortodoxia, te precisó más el tiempo tranquilo de tu oración, te precisó más tu congregación, tu colegio, que compartir con los miserables. Te preocupó más tu prestigio social y económico y político y por eso despreciaste al que era yo pidiéndote socorro" (Mons. Romero).

## Cita bíblica

"¿Cuándo sucederá eso? ¿Cómo será? Sobre todo, hermanos, no necesitan que se les hable, pues saben bien que el día del Señor llegará como un ladrón en plena noche. Por eso, no anden en tinieblas para que ese día no los sorprenda como el ladrón. Todos ustedes son hijos de la luz e hijos del día, no somos de la noche ni de las tinieblas, entonces no durmamos como los demás sino permanezcamos, sobrios y despiertos" (1 Tesalonicenses 5:1-2 y 4-6).

Capítulo 25

# Hacer el bien

## Haz el bien y no mires a quién

Cierto día un joven se hallaba en un bote en medio del río Sena, en París, tratando de ahogar a un perro. Lo lanzó al agua y el animal, nadando, trataba de volver al bote; pero el joven lo rechazaba con uno de los remos. En un golpe en falso, el joven perdió el equilibrio, el bote volcó y él cayó al agua.

Se hubiera ahogado a no ser porque el perro, tomándolo con los dientes por la ropa, lo sacó a la orilla. La gente que se había agolpado y veía la escena, corrió a ayudar al muchacho y a reprenderle duramente por su actitud cruel contra el animal.

### Comentario

La Iglesia nos presenta a los santos como hombres y mujeres dignos de imitar.

De Francisco de Asís el gran santo de la edad media, tenemos mucho que aprender: Su gran amor para con Dios, para con el hermano, su pasión por el pobre en quien descubrió su mayor alegría.

Además, vio a cada cosa, a cada criatura como obra de las manos de Dios que merecen respeto.

El pecado consiste entonces en la falta de respeto y amor al hermano y a las cosas creadas.

## Cita bíblica

"No devuelvan a nadie mal por mal y que todos puedan apreciar sus buenas disposiciones" (Romanos 12:17-18).

Capítulo 26

# Vivir la vida

## ¿Cómo gasta usted su vida?

Un niño entró en una tienda a comprar dulces. Sólo tenía en el bolsillo un centavo. Se quedó mirando por largo rato para luego hacerle varias preguntas al dependiente.

Este muy pronto se impacientó y le dijo: Ve, niño. Si quieres comprar algo apúrate, pues vamos a cerrar el negocio. Yo tengo que ocuparme en otras cosas.

El niño lo miró con asombro y le dijo:

Tengo sólo un centavo para gastar. Tengo que gastarlo con mucho cuidado.

### Comentario

Yo tengo sólo una vida para vivirla. Tengo que usarla con mucho cuidado. Se la debo dedicar a Cristo.

La existencia humana como proyecto de vida es un don de Dios que exige al hombre realizarla y vivirla para el cielo, para la plenitud según el fin para el cual fue creada.

### Cita bíblica

> "Busquen las cosas de arriba donde está Cristo. Preocúpense por las cosas de arriba no por las de la tierra" (Colosenses 3:1-2).

Capítulo 27

# Testimonio

## Predicar con el ejemplo

Un día Francisco de Asís invitó al hermano León a predicar. Salieron del convento, recorrieron la plaza pública y luego regresaron. Una vez de regreso en el convento, el Fraile preguntó:

"¿A qué hora vamos a predicar? Ya lo hicimos. Le respondió Francisco. Durante todo el recorrido actuamos como Cristo. Quienes nos vieron ya se quedaron pensando en El. Ya les predicamos con nuestro ejemplo, pues cuando tenemos a Dios, no sólo con palabras, sino que con ejemplos lo predicamos también", dijo el santo.

### Comentario

Cuando un hombre de Dios se acerca, se percibe que tiene una autoridad que no se basa en su elocuencia, ni en habilidades oratorias sino en su relación con Dios.

Como cristianos el Señor nos ha llamado para ser sus mensajeros y anunciar la Buena Nueva del Evangelio sembrando la semilla por toda la tierra, no solo con palabras, sino que con nuestra vida toda.

### Cita bíblica

El mismo Dios que dijo: "Brille la luz en medio de las tinieblas, es el que se hizo en nuestros corazones, para que se irradie la Gloria de Dios tal como brilla en el Rostro de Cristo. Ante todo, llevamos este Tesoro en vasos de barro, para que esta fuerza soberana se vea como obra de Dios y no nuestra" (2 Corintios 4:6-7).

Capítulo 28

# Confianza

## ¿Supo poner su confianza en su padre?

Un grupo de botánicos estaba explorando regiones casi inhóspitas en busca de nuevas especies de flores. Un día, a través de los binoculares, observaron una flor bien rara y bella.

Estaba en una vena profunda del camino de una montaña, con pendientes perpendiculares a ambos lados. Para alcanzarla alguien tendría que ser bajado al precipicio con una soga, y ciertamente era muy peligroso.

Se le acercaron a un joven que los observaba curiosamente, y le dijeron: Te damos veinte dólares si permites que te bajemos para que nos traigas esa bella y rara flor. El joven miro alrededor del lugar donde se encontraba la flor y replicó: Espérame, ya regreso.

Cuando regresó venía con un anciano. Acercándose a uno de los botánicos, le dijo: Yo voy y bajo el precipicio guindado de la soga si este hombre la sostiene. Él es mi padre.

## Comentario

Sólo Dios desea nuestro sumo bien. Nosotros le podremos fallar, pero Él nunca nos va a fallar a nosotros. Es por eso que el depositar nuestra total confianza en Él es nuestra más importante y feliz decisión.

## Cita bíblica

> "Confía en el Señor. ¡Ánimo! Llena de coraje tu corazón. Espera en el Señor" (Salmo 27:14).

Capítulo 29

# Espejismos

## Dios nunca nos abandona

El tren expreso intercontinental devora las distancias a una velocidad de 150 Kilómetros por hora. Es noche oscura, sin luna y sin estrellas. Los numerosos pasajeros duermen tranquilos y despreocupados. Solo el maquinista vela y escudriña con su mirada la oscuridad.

De pronto le parece ver algo así como el fantasma de un ser humano. La figura está frente al faro de la locomotora y agita desesperadamente sus brazos delante del faro, como diciendo: Alto, alto.

Un escalofrío sacude al maquinista. El fantasma desaparece y el tren prosigue su carrera veloz en la noche.

A los pocos minutos, el fantasma vuelve a aparecer. Nervioso, el maquinista agarra la palanca de los frenos. De nuevo, el fantasma desaparece y el tren continúa su marcha a todo dar.

Por tercera vez el fantasma se deja ver. Agita sus brazos envueltos en lo que parece ser una sábana. Parece como si estuviera diciendo: Detente, detente. El maquinista hala la palanca de los frenos. Un agudo silbido rasga el aire. Los furgones chocan estruendosamente unos contra otros. Desde los estantes caen los equipajes, hay gritos de pasajeros que despiertan sobresaltados. Muchos bajan de los vagones, preguntando: ¿Qué sucede?

Unos cuantos metros delante de la locomotora, el puente que sostenía los rieles, debido a las fuertes lluvias, se había caído al río.

¡Qué providencial fue que el maquinista hubiera detenido el tren justo a tiempo para evitar el desastre!

¿Y el fantasma que acababa de salvar a los pasajeros? Hermanos, no era más que una pequeña mariposa, la cual se había introducido en el faro de la locomotora. La sombra de la mariposa, que se debatía para salir, proyectada por la intensa luz del faro, aparecía como un fantasma que revoloteando sus alas parecía que le estaba diciendo al maquinista que se detuviera.

## Comentario

Dicen que a veces vemos fantasmas donde no los hay. Es decir, nos inquietamos, nos amargamos y hasta perdemos la paz ante situaciones que a primera vista parecen no tener remedio y que más tarde, con la ayuda de Dios nos damos cuenta de que la cosa no era tan problemática y que sí tenía solución.

## Cita bíblica

> Así dice el Señor: "¿Puede una mujer olvidarse del niño que cría, o dejar de querer al hijo de sus entrañas? Pues bien, aunque alguna lo olvidase, ¡Yo nunca me olvidaría de ti (Isaías 49:14-15)!

Capítulo 30

# Servicio

## La autoridad como servicio

En un estudio científico sobre los lobos, se descubrió que existe el que va al frente de la manada. Se le llama 'Lobo Alfa'.

Este lobo es el que manda y dirige a todos los demás. Su autoridad es absoluta. Cuando aparece otro lobo líder que disputa su papel, pelean ambos y el que pierde pasa a ser 'Lobo Omega'.

En los momentos de peligro, cuando hay que luchar con otras fieras salvajes o las crías se ven amenazadas, quien sale al frente no es el Lobo Alfa, sino el Omega. El Alfa es el que indica el camino y decide qué cazar; pero el Omega es el que expone la vida.

Ante el peligro de los demás, el Lobo Omega pasa de la retaguardia a la delantera para ser el primero que muere por la manada.

### Comentario

Jesucristo es Alfa porque es Rey y Señor, ¡El es el primero! pero también es Omega porque voluntariamente ha expuesto y entregado su vida para que todos nosotros la tuviéramos en abundancia. Este mismo ejemplo debemos imitar aquellos dirigentes de comunidad, que sólo queremos ir adelante, mandar y dirigir, pero no estamos dispuestos a dar la vida, en servicio por los demás.

## Cita bíblica

"Entonces se levantó de la mesa, se quitó el manto y se ató una toalla a la cintura. Echó agua en un recipiente y se puso a lavar los pies de los discípulos, y luego se los secaba con la toalla que se había atado. Cuando terminó de lavarles los pies se puso de nuevo el manto, volvió a la mesa y les dijo: ¿Comprenden lo que he hecho con ustedes? Ustedes me llaman Maestro y Señor, y dicen bien, porque lo soy. Pues si yo, siendo el Señor y el Maestro, les he lavado los pies, también ustedes deben lavarse los pies unos a otros. Yo les he dado ejemplo, y ustedes deben hacer como he hecho yo. En verdad les digo: El servidor no es más que su patrón y el enviado no es más que el que lo envía" (Juan 13:4-5; 12-16).

Capítulo 31

# Humildad

## ¿Quién es más importante?

Un autobús cargado de turistas atravesaba una hermosísima región llena de lagos, montañas, ríos y praderas. Pero las cortinas del autobús estaban cerradas y los turistas que no tenían la menor idea de lo que había al otro lado de las ventanillas se pasaron el viaje discutiendo sobre quién debería ocupar el mejor asiento del autobús, a quién hay que aplaudir, quién es el más digno de consideración. Y así siguieron hasta el final del viaje.

### Comentario

En una sociedad como la nuestra las personas en su afán de felicidad tratan de ganar el mundo, buscando su propia glorificación, figura, popularidad, éxito y sobre todo la aprobación y admiración dé los demás. En este afán de ganar el mundo, la persona sin saberlo va perdiendo su vida llevando una vida vacía, monótona y sin sentido. En el interior y el corazón de la persona radica la felicidad que viene de Dios.

## Cita bíblica

Jesús les preguntó: "¿Qué venían discutiendo por el camino? Ellos se quedaron callados, porque habían discutido entre sí cuál era el más importante de todos. Entonces se sentó, llamó a los Doce y les dijo: 'Si alguno quiere ser el primero, que se haga el último de todos y el servidor de todos" (Marcos 9:33-35).

Capítulo 32

# Bendiciones

## El hombre que no supo valorar la bendición

Un hombre cansado, sale de su trabajo en dirección a su casa. Era pobre y soñador. Mientras caminaba a la orilla de un río para llegar a su hogar pensaba: ¡Qué diferente sería mi vida si fuera rico! De pronto sus pies tropiezan con un pequeño bulto, era una bolsa de piel que contenía unas piedrecitas. La abrió mientras soñaba despierto en lo que él pudiera ser si algún día tuviera dinero, sin mirar su contenido, comenzó a sacar una por una, las piedras que se encontraban dentro.

Tomó la primera piedra y tirándola al rio dijo: Si yo fuera rico compraría una casa nueva para mis hijos. A medida que seguía caminando sacó otra piedra de la bolsa y tirándola al rio se dijo: Si yo fuera rico podría mandar a mis hijos a los mejores colegios. Siguió caminando y sacó otra piedra de la bolsa y se dijo: Si algún día fuera rico daría parte de mis riquezas a los pobres. Y así siguió soñando y sacando piedras de la bolsa y pensando en todas las cosas que podría hacer si algún día fuera rico.

Y cuando ya estaba para tirar la última piedra al rio, vio que destellaba un brillo precioso al ponerla frente al sol y se dio cuenta que en sus manos tenía un precioso diamante.

Había tirado una fortuna al rio pensando qué haría si algún día fuera rico.

## Comentario

Constantemente Dios nos está bendiciendo, aunque muchas veces no nos damos cuenta, ni apreciamos lo que Él nos da.

## Cita bíblica

"Pues tus proyectos no son los míos y mis caminos no son los mismos de ustedes, dice Yahvé"

Así como el cielo está muy alto por encima de la tierra, así también mis caminos se elevan por encima de los caminos de ustedes y mis proyectos son muy superiores a los de ustedes" (Isaías 55:8-9).

Capítulo 33

# Padres

## Puso su mirada en el cielo

Un día en una travesía en un barco de vela, el hijo del capitán decidió subirse a la cima del mástil: encontrándose en lo alto, comenzó a sentir mareos. Papá estoy mareado, siento que me voy a caer. Hijo comienza a bajar, pero no quites tus ojos del cielo. Así poco a poco el muchacho pudo llegar a los brazos de su padre que ya a medida que se acercaba a él tenía también sus ojos fijos en el cielo.

### Comentario

Así debe ser la vida del cristiano, caminando hacia los brazos del Padre con los ojos fijos en la meta que es el cielo.

### Cita bíblica

Jesús dijo: "Pero el que persevere hasta el fin, éste se salvará" (Mateo 24:13).

Capítulo 34

# Cielo

## ¿A cómo sembraste?

Un contratista construyó varias casas de lujo. No tenía escrúpulos en cuanto a hacerlas más rápido y más baratas, sacrificando la calidad en cada ocasión.

Como resultado de los años de experiencia se había vuelto un experto en esta manera de trabajar. Muchas de sus construcciones eran altamente peligrosas en cuanto representaban peligro de incendio y zonas peligrosas debido a la manera deshonrada con que trabajaba.

Su última casa fue posiblemente la peor y la más defectuosa. Pero como era su última casa, no le importaba, y tomó todos los riesgos que quiso. Imagínense el horror cuando descubrió que, por su retiro, la compañía para la que trabajaba le regalaba nada menos y nada más que ¡la última casa que había construido!

### Comentario

¿Cómo estoy preparándome para el encuentro con Dios?

La anterior pregunta debe ser una continua interrogante que los cristianos debemos hacernos y pensar qué es lo que importa delante de Dios.

La misma Palabra nos da la respuesta. Importa amar a Dios con todo el corazón como amarnos unos a otros como él nos ha pedido y enseñado en su Palabra

Solamente en el amor a Dios y a los demás demostraremos que somos verdaderos discípulos de Jesús porque:

"Todo lo que hicieran con uno de estos pequeños a mí me lo hicieran" dirá el Rey a los que irán a su derecha al final de los tiempos.

## Cita bíblica

"No juzguen antes de tiempo, esperen que venga el Señor quien iluminará lo que ocultaban las tinieblas y pondrá al descubierto las intenciones secretas del corazón y cada uno recibirá del Señor el salario y la alabanza que le corresponde" (Corintios 4:5).

Capítulo 35

# Sabiduria

## Las apariencias engañan

Cuentan que un hombre confió su hijo al cuidado de su perro mientras él iba a hacer sus compras a la ciudad.

Cuando regresa, al abrir la puerta de su casa ve con espanto, en el suelo, el cuerpo inerte y desangrado del niño. Al lado, estaba el enorme perro, con los colmillos llenos de sangre.

El hombre se llena de rabia, y de dos tiros mata al perro traidor. De pronto mira hacia un lado de la casa y ve a un lobo muerto. Ven ustedes, era el lobo el asesino del niño y el perro fiel, tratando de defender al niño, peleó con el lobo hasta darle muerte.

### Comentario

Se dice que las peores decisiones se toman cuando estamos ofuscados ya que son ciegas y, por lo tanto, con facilidad nos llevan al error. Esto aconseja Santa Teresa: "En tiempo de la turbación no se tome ninguna decisión".

### Cita bíblica

"Toda sabiduría viene del Señor y con Él permanece eternamente" (Sirácides 1:1).

Capítulo 36

# Mentira

## Al mentiroso siempre se descubre

Se dice de un general que tenía fama de ser muy mentiroso. Lo exageraba todo. Tenía la costumbre también de que siempre que relataba algo a sus amigos, le decía a su ayudante:

"¿Verdad que sí, teniente?" Y éste le respondía, "sí, mi general".

Por fin, el teniente se cansó de siempre decir sí a lo que el general decía. En una ocasión el general estaba contando a sus amigos de armas que él había salido a cazar al monte y que, de un solo disparo, había matado cien palomas.

¿Verdad que sí, Teniente? -le dijo a éste-. A lo cual el teniente contestó: Sí, mi general, cien palomas. Y un loro.

¡Cómo! Yo no vi ese loro -replicó el general- Y el teniente le respondió: Ni yo tampoco vi las cien palomas mi general.

### Comentario

"Jesús, la verdad por excelencia" nos enseñó que la verdad nos hará libres y por eso él proclamó la verdad a diestra y siniestra. Según las enseñanzas de Jesús, es un deber moral el decir la verdad en toda ocasión.

### Cita bíblica

"Por eso, no más mentiras, que todos digan la verdad" (Efesios 4:25).

Capítulo 37

# Vicio

## ¡Ese hombre eres tú!

Cuentan que a cierto hombre le gustaba emborracharse y no atendía los consejos de sus amigos, ni los ruegos de su esposa para que dejase el vicio. Tampoco daba crédito a los actos vergonzosos que le recriminaban los demás cuando estaba embriagado.

Decía: "Esas son exageraciones necias contra mí". Pero su esposa encontró un medio seguro para corregirlo.

Contrató un fotógrafo para que tomase algunas fotografías de su marido cuando estuviera borracho. Colocó las repugnantes fotos sobre su escritorio.

Este ya en estado normal exclamo al revisarlas: "¡Qué bárbaro! ¡Qué sucio! ¡Como se degrada el tipo este!

Y su esposa, que le veía y escuchaba, le preguntó:

¿Sabes quién es ese señor? No -respondió- ni me importa saberlo. "Fíjate bien. Ese hombre eres tú".

### Comentario

También nosotros damos todo tipo de excusas para hacernos pensar que la adicción al pecado no nos hace tanto daño. Jesús nos tomó una fotografía de cómo lucimos cuando pecamos: Crucificados y muertos.

Al fin y al cabo, la consecuencia del pecado es siempre la misma. ¡Dolor y muerte!

## Cita bíblica

"Ustedes tienen que dejar su manera anterior de vivir, el hombre viejo, cuyos deseos engañosos lo llevan a su propia destrucción. Dejen que su mente se haga más espiritual, para que tengan nueva vida y revístanse del hombre nuevo. Este es al que Dios creó a su semejanza, dándole la justicia y la santidad que proceden de la verdad" (Efesios 4:22-24).

Capítulo 38

# Creación

## Una nueva creación

Un día llego un científico a dar unas conferencias en una de las universidades de la ciudad. El salón de aquel centro de enseñanza se llenó a más no poder.

El conferencista comenzó a hablar de la importancia de la ciencia. En un momento dado comenzó a poner en ridículo la historia de la creación de acuerdo al Libro del Génesis, que es el primer libro de la Biblia. Fíjense ustedes, a quién se le ocurre decir que Dios pudo haber creado al ser humano del barro. Eso es una cosa totalmente absurda. No tiene sentido.

En ese momento, uno de los profesores se levantó y pidió la palabra. "Yo no le voy a discutir, estimado señor, dijo el profesor, cómo fue que Dios comenzó su creación. Todo lo que yo le puedo asegurar es que un día Dios se fijó en esta ciudad en particular y tomó entre sus manos el barro más inservible que encontró en toda esta región. Y de ese barro inservible, miserable y lleno de defectos, hizo un hombre nuevo.

Y ese hombre soy yo, estimado señor.

### Comentario

No hay nada que dé más paz y más seguridad que el descubrir que Dios no sólo nos creó, pero que nos quiere hacer de nuevo. Así es, Dios

Nuestro Padre nos acepta tal y como somos, pero nos ama tanto que poco a poco nos va depurando y nos va limpiando de nuestras necesidades y miserias. Dios poco a poco, te quiere hacer de nuevo. Te quiere hacer a imagen y semejanza de Jesús.

## Cita bíblica

"Por esa misma razón, el que está en Cristo es una criatura nueva. Para él lo antiguo ha pasado; un mundo nuevo ha llegado" (2 Corintios 5:17).

Capítulo 39

# Paciencia

## En la paciencia está el propio control

El ser paciente significa aguantar cosas que nos obstaculizan o que nos hieren y aun así retener nuestro propio control.

Cuántas dificultades, con sus consecuentes discordias y sinsabores, podrían ser suavizados o casi completamente eliminados, si hubiera paciencia. La paciencia siempre anima y fortalece nuestro carácter. La necesitamos, no solamente para con otros, sino para nosotros mismos.

Thomas Browing nos dice lo siguiente, con todo el poder curativo de esta virtud: Cuando controles tus exabruptos, tu alma entonces tendrá paciencia.

### Comentario

Ante lo anterior, Santa Teresa decía algo tan sabio: "Nada te turbe, nada te espante, todo se muda, todo se pasa, sólo Dios basta, quien a Dios tiene nada le falta, la paciencia todo lo alcanza".

¡150 historias que cambiarán tu vida!

## Cita bíblica

"Todo lo que te suceda acéptalo y, cuando te toquen las humillaciones, se paciente" (Sirácides 2: 4).

## Y recuerda:

"El hombre lento para enojarse está lleno de inteligencia, y el impaciente demuestra inmadurez" (Proverbios 14:29).